“泣いても
いいんだよ”
の育児

峯田昌

自由国民社

はじめに

今のママ達には、たくさんの情報があります。

インターネットの情報は便利ではあるものの、多すぎる情報を受け止めきれず、困ってしまうママが多いです。

またママのお母さんやお友達からの助言があったり、小児科医、栄養士、保育士、助産師という専門家からの助言があったりで、悩みが出てくることもたくさんあります。

ただ、そういったアドバイスはママの生活に即していないことも多いのではないでしょうか？

またかえってそれらのアドバイスを聞くことで、「自分はできていない」とひどく落ち込んだり、自分を責めてしまったりするママもいます。

そして、産科施設内でもケアやアドバイスの統一性がないこともあるようです。例えば、入院中に、勤務時間ごとに違うスタッフがそれぞれ

違うアドバイスをするケースがあります。

母乳育児の相談を例にあげると、あるスタッフからは「頻回にあげて良い」といわれ、違うスタッフからは「時間をあけて、おなかをすかせてからあげて」といわれるようなことです。

また、離乳食の相談をすれば、「もっと食べさせなさい」「おっぱいを減らしなさい」と怒られたと相談にくるママもいます。

こういった状況から「どうしたらいいの！」と悩んでしまうママがたくさんいるのです。ですから、私が院長を務める助産院には、日々様々な育児相談があります。

いつも、頑張っているママが、なぜこんな思いをしなければならないのでしょう。いったい正解はどこにあるのでしょうか。ママ達が知りたいことの答えはどこにあるのでしょうか。

先ほど述べたように、ママ達は、たくさんの情報から正解をみつけ、一番良い選択をするために、必死に頭を使っています。

しかし、その情報は、ママと赤ちゃんの日常をよく知っている方からの情報でしょうか？　寄り添ってくれている方からの情報でしょうか？

お友達の助言もお母さんの助言も、その人の経験によるものです。その人がみつけた、その人の赤ちゃんのための方法です。それはネットの情報も同じです。あなたの赤ちゃんに合うかはわかりません。

ですからあなたの赤ちゃんに合うかどうかは、よく吟味して考えてみてください。

ぜひ目の前の赤ちゃんに合うことを「ああでもない、こうでもない」と考えながら、みつけてほしいと思います。

そう、答えは実は目の前にあるのです。

ネットの中でも誰かのアドバイスの中でもありません。
答えは、目の前のあなたの赤ちゃんが持っています。
そして、あなたの心の中にどうしたいかの答えがあります。

ですから、試行錯誤をしましょう。それは、決して無駄ではありません。赤ちゃんは知っています。自分のために一生懸命なママの姿をみて喜んでいます。

赤ちゃんは、自分に注目してもらうのが大好きです。「上手くいっていないな」と思っても、実は赤ちゃんは、喜んでいるのです。

ですから、他の人の考えやアドバイスは参考程度に聞いてください。
あなたの赤ちゃんに合うことを、あなたが受け止められる考え方やアドバイスを、取り入れていけば良いのです。

私の助産院では「もっと早く知りたかった」「考え方ががらりと変わった」「肩の荷が下りた」といわれることが多くあります。

私がママ達に日々伝えていることを少しでも多くの本書の読者であるママ達に伝えたいという思いで執筆しました。

あなたの赤ちゃんのことを知るために目の前の赤ちゃんとの関わり方を本書ではお伝えします。そして、赤ちゃんを理解し、赤ちゃんとの時間が楽しくなるヒントになれば良いと願っております。

目次

はじめに

序章 新しい家族がやってきた …… 13

0歳児の育児 「やさしく声をかけること」がその後の人生をつくる …… 14

赤ちゃんは、地球語は話せないけれど …… 19

「泣いてもいいんだよ」の育児は、「すべてを受け止めるよ」を伝える育児 …… 23

赤ちゃんと過ごす一番大切なこと …… 26

第1章 「泣いてもいいんだよ」の育児 …… 31

泣いている赤ちゃんは、かわいそうではありません …… 32

赤ちゃんが泣いているとママは、穏やかでいられません。だから、赤ちゃんは育ちます …… 37

赤ちゃんが泣くということの大切さ …… 40

赤ちゃんには、よく泣く時期がある。母乳が足りなくなった？……44
おしゃぶりのほんとうのデメリット……47
黄昏泣きはみんなが経験……50
ママには、いいたいことをいえる方が良いですよね……53
赤ちゃんは、空気を読みます。ママの前では、ありのまま………55
赤ちゃんは、ママの心のうちをお見通し！　ママを通して世の中をみている……58
「立派なママ」より「ちょっと抜けているママ」くらいがちょうどいい……61
赤ちゃんは心配性のママをまるごと受け入れている……64
赤ちゃんの生活リズムに合わせながら生活する。でも自分の生活も大切に……69
ママも一緒に泣いていいんだよ……74
どうしてもぐずぐずが多い赤ちゃん。お産、おなかの中の生活を
振り返ってみましょう……80
泣いてもいいんだよの育児のその後

第2章 赤ちゃんが落ち着く気持ちいい抱っこ……89
いっぱい抱っこされた安心感がずっとあとの自立心につながる……90
9か月おなかにいた赤ちゃんは抱っこが大好き……94
「魔法みたい！」な「まんまる」の抱っこ……96
「まんまる」の抱っこで鼻呼吸に便秘予防……101
眠れないのではなく眠りたくないのかもしれない赤ちゃん そんなときは慌てずに温かみのある抱っこを！……103
ママの抱っこは、最高の抱っこ……105

第3章 赤ちゃんは生まれてすぐにおっぱいに向かっていく……107
出産すれば、おっぱいは誰でもできるのではなかったの？……108

母乳育児に困ったら1日も早く相談を……110
生まれてすぐ赤ちゃんはおっぱいめがけて這い上がっていく……116
赤ちゃんが、おっぱいを吸えないこともよくある……120
厳しい授乳練習は、トラウマになる……123
ママのおっぱいを嫌がる子なんて一人もいません……126
おっぱいを吸いたい本能・吸わせたい本能……129
授乳はほんとうは気持ちいい……132

第4章 赤ちゃんはあなたの母乳育児の専門家——135

すべての助産師が母乳育児支援のエキスパートではない……136
左右片方ずつ5分5分、10分10分。時計授乳はやめましょう……140
赤ちゃんによって、授乳の時間も間隔も全然違います。教科書通りにはいきません……144
上手くいかなくても応援すると張り切る赤ちゃん……146

おっぱいの異変は、赤ちゃんがいち早く気が付きます。おっぱいを引っ張ったり、首を振りながら飲んだり、理由があります……149
歯が生えても痛くないはず……151
万が一の哺乳瓶とか、ずっと先の保育園のこととか、考えすぎなくて大丈夫……154
張らないおっぱいがいいおっぱい……157
泣いたら授乳は正しくない？……159

第5章 赤ちゃんのためにパパの大切なお仕事

第5章 赤ちゃんのためにパパの大切なお仕事──167
ママが幸せな気分で過ごせるようにするのがパパの仕事……168
親ばか万歳！　ママとたくさんの幸せを分かち合って……171
赤ちゃんにミルクをあげるのはパパの仕事ではない……176
赤ちゃんは大好きなママにやさしいパパのことが大好き……178
ママは目の前の命を守ろうという本能が半端ない。パパへの攻撃も半端ない……179
ママの心配をそのまま受け止めて。解決しなくても良い……182

赤ちゃんは、ママとパパが試行錯誤で大満足……185
パパの産後うつもあります……187

第6章 赤ちゃんの気持ちに合わせた離乳食――191

初めての体験の離乳食をわくわく楽しみに……192
離乳食の準備は、「わくわく心」をつくること……194
「食べること」は「生きること」……198
食べたいものは、自分で決めたい赤ちゃん……201
離乳食は、わざわざつくらない！……207
「楽しい食事」でよく食べる……213

終章 ママから聞かれる30の質問に答えました――218

序章

新しい家族がやってきた

0歳児の育児　やさしく声をかけることがその後の人生をつくる

なぜやさしい声かけは必要か？

新しい家族、赤ちゃんが生まれました。赤ちゃんになんて声かけしましょう。

「やっと会えたね！」「生まれてきてくれてありがとう」「頑張ったね」などたくさん伝えたいことはありますね。

あなたは、命をかけて我が子を産みました。この赤ちゃんのママになりました。

あなたの赤ちゃんの人生のスタートです。赤ちゃんは、いっぱい泣きますね。何といっているのでしょう。「会いたかったよ」「頑張ったよ」

そんな風に聞こえます。

生まれてすぐに赤ちゃんと、たくさん話してほしいのです。赤ちゃんは、大人が思っている以上にたくさんのことをわかっています。

本書では、私が「赤ちゃんにしている声かけ」をベースに子育てについてをお伝えしていきます。

赤ちゃんに日々話しかけることができれば、だんだんと赤ちゃんが「答えようとしている」とわかってくるでしょう。そして、赤ちゃんが「いいたいことを伝えようとしている」こともわかってくるでしょう。

赤ちゃんと一番長く一緒にいるママは、一番赤ちゃんと話ができます。赤ちゃんと一番わかりあっているのは、ママです。そして、一番わかってくれるのは、ママだと赤ちゃんは感じています。

ママがわかってくれると信じることができる赤ちゃんは、その後安心して育っていきます。０歳の赤ちゃんと過ごす日々は、赤ちゃんの人生の土台をつくっている時間です。あっという間に過ぎていきますが、０歳の期間は、大切にされ安心感を持って人生を送るための土台づくりの期間なのです。

０歳のときの育てられ方が、無意識の中で赤ちゃんの根っこに残っていくのです。ですから、たくさん話をしてみましょう。

赤ちゃんとの生活の中で、赤ちゃんが望むことを知っていけたらどんなに良いでしょう。

それは、赤ちゃんに聞いてみるしかないのです。わからないことは、赤ちゃんに聞いてみましょう。

赤ちゃんは、「言葉が話せなくて困ったな」などとは思っていません。

言葉に頼っている大人が困っているだけなのかもしれませんね。

育児は大変

「生まれたばかりの赤ちゃんって、こんなに寝ないの？」

「夜泣きがあると聞いてはいたけれどまさかこんなに大変だとは」

「かわいいけれど赤ちゃんと二人だけの時間が大変」

「この毎日がいつまで続くのか」


赤ちゃんを育てることが「こんなに大変なのか」と感じることがあるでしょう。20歳までを子育てと考えると、赤ちゃんの育児をする時期は、とても短いはずです。

しかし、毎日育児をしていると、大変な1日が終わりなく続くような気がすることもあります。「毎日何をしているのだろう？」と感じることもあるでしょう。

1つの命を育てているのです、大変でないわけがありません。

同時に、育児以上に貴重なものはないでしょう。

深刻になりすぎず「今しかないかけがえのない時間を過ごしている」ということを感じることができたら、その後の赤ちゃんとの生活が楽しくなります。

この本では、生まれてすぐの赤ちゃんに関する話をします。

この本の中で0歳の赤ちゃんの考えていること、やっていることを知り、ママとパパの子育てのヒントになればと思います。

赤ちゃんは、地球語は話せないけれど

赤ちゃんは、地球の言葉は話せません。

しかし、自分にとって大切な人、自分のことを真剣に考えてくれている人は誰なのかわかっています。物事の本質をわかっているのです。

「おはよう」「今日は暑いですね」「おなかがすく時間だったかな」

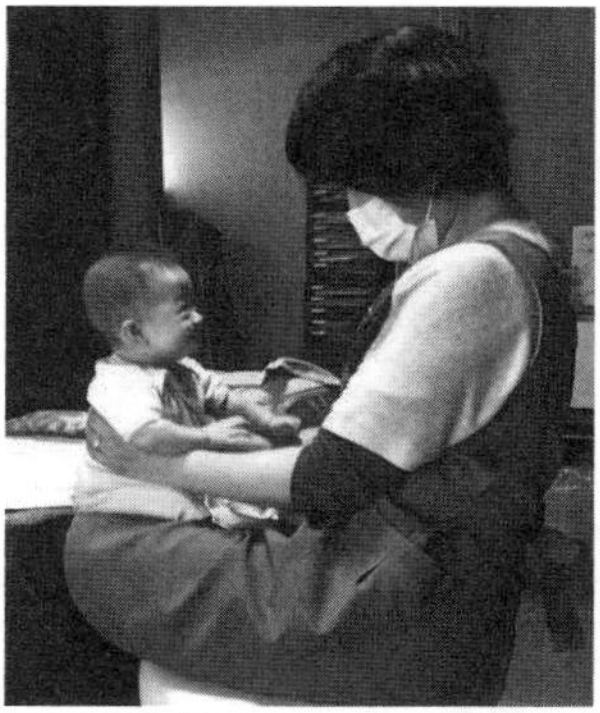

今日の困りごとは何かしら。赤ちゃんに聞いてみましょう。

初めて助産院にきたママが「みねたさん、この子と話しているのですか？」とびっくりすることがあるくらい、私は赤ちゃんと話します。

赤ちゃんに挨拶して、いろいろ質問し、帰るときには「ママと楽

しく過ごしてね」「ママをよろしくね」とお願いすることも多いです。

その様子をみていたら、ママも赤ちゃんにたくさん話しかけるようになります。

「何でもわかっている」と思って接すると、赤ちゃんは満足します。

確かに、赤ちゃんの物事への理解力は、大人の私達とは違います。

しかし、大人以上に本質をわかっているのです。ですから私は、赤ちゃんは、地球語を話さないだけで大人以上に何でもわかっていると思ってお付き合いしています。

皆さんも「ママやパパよりも多くのことを知っている」「物事をよくわかっている」と思って接してみてください。

そして「なぜ泣いているのか」や「何を考えているのか」がわからないときは、赤ちゃんに聞いてみてください。

赤ちゃんは、意思を持って生まれたくて、生まれてきました。
パパとママの子供として生まれたくて生まれました。

その分、赤ちゃんは、生きようとします。成長しようとしています。
その思いを全力でバックアップするように接していけば良いのです。

「いいたいことをいっているんだよね」「いっぱい抱っこしてもらって嬉しいよね」「ママだから、泣いちゃうんだよね」など、とにかくいろいろ話しかけて確認していきましょう。

赤ちゃんの気持ちを知りたいときは「これで合っているかな？」と赤ちゃんに確認します。
そうすると、「うん、合っているよ」というような様子で目で合図してくれますよ。

もちろんまちがえてしまうこともあるかもしれない。
でも自分に話しかけてもらえることは、かけがえのないものとして潜在的に赤ちゃんの記憶に植え付けられていくでしょう。

逆に「何もわからない」「ママとパパが何でもやってあげないと何もできない」と思われていると赤ちゃんがわかると、赤ちゃんは寂しい気持ち・残念な気持ちになるかもしれません。

赤ちゃんは、自分がいいたいことがわかってもらえていると感じると大満足。
ママやパパがいいたいことをわかろうとしてくれていると感じると大満足。

ですから、このように赤ちゃんと接する中でしっかりと話をするのは当然のことです。ネット検索などで調べて、「ぐずっているときにはどうすれば？」とか「離乳食を食べないときにはどうすれば？」と考えるのではなく、赤ちゃんをみて、話しかけ、赤ちゃんに聞いて育児をする方が、自然に・楽にできると思います。

「泣いてもいいんだよ」の育児は、「すべてを受け止めるよ」を伝える育児

「泣きぐずりが多い」「あやしきれない」「どうしたら良いのかわからない」と困り果てて、助産院には、日々多くのママとパパが訪れます。

しかし、赤ちゃんは、泣くものです。おしゃべりができるまでは「泣く」ことでいろいろなことを伝えています。

赤ちゃんが一生懸命自己表現していることで、ママとパパが困ってしまう。泣いている赤ちゃんが大切で、かわいいと思っているからこそ、かわいそうに思えて、対応しきれなくて悩んでしまいます。

ママの気持ちもパパの気持ちも赤ちゃんの気持ちも考えると、こんなことに陥っていることが助産師としてもどかしいです。

ですから、赤ちゃんが泣いて困ってしまうという育児ではなく「泣いてもいいんだよ」の育児を知って実践してほしいと思います。

「泣いてもいいんだよ」と話しかけたり「どうしたのかな?」と話しかけたりしても、赤ちゃんが泣くことは減らないかもしれません。

ただ「泣いていること」は悪いことではなく、それに対応することで信頼関係が生まれていくのだと知ると、赤ちゃんとの生活はぐっと楽になります。

ママやパパの気持ちが楽になれば、赤ちゃんの気持ちも穏やかになります。

そう考えると、赤ちゃんが自分から何かを伝えることは、とても大切ですね。何かを伝えて、応えてくれるママやパパがいる。

毎日この繰り返しで、赤ちゃんは人を信頼することを知っていきます。
何度もいいますが、泣くことは必要なことなのです。
「泣きに付き合おう」というくらいの気持ちで抱っこしていれば良いのです。

「泣いてもいいんだよ」の育児は、「泣いても何をしていてもかわいいよ。大切だよ」を伝える育児です。赤ちゃんを「まるごと受け止めることを伝える」育児です。

「泣いてもいいんだよ」の育児を知ることで、ママもパパも泣きぐずりの対応が少し楽になるでしょう。
泣きたい赤ちゃんにとっては、すべてをまるごと受け止めてもらいながら安心して泣くことができるようになるのです。

赤ちゃんと過ごす一番大切なこと

赤ちゃんが「まるごと受け止めてもらっている」「ありのままの自分で良いのだ」と思える。人生のスタートでこう感じられるかどうかは、今後の赤ちゃんの人生においてとても大切です。

生まれたばかりの赤ちゃんは、首も据《す》わらず、とても柔らかくて抱っこすることが怖いというママもいるくらいです。

そうすると、赤ちゃんが困らないように心地良いように慎重に丁寧に抱っこしますよね。

赤ちゃんは、やさしい気持ちでやさしい手で慎重に抱っこされたことを皮膚の感覚で知ります。そしてそのときの安心感をずっと覚えていきます。

困ったときは、いつも飛んできてくれて、声をかけてくれた。しっかり守ってくれた。こういったことを感じながら育っていきます。

「何をしてもかわいい」「どんなときも大好き」「あなたは宝物」「あなたがいるだけで幸せ」「ママとパパのところに来てくれてありがとう」

ただただ、シャワーのように愛の言葉を伝えてあげてください。

「自分は大切な存在なのだ」「大切にされるべき存在なのだ」と0歳のときから感じている子供は、自分で自分の心と身体を守ることができるように育っていきます。

「自分は大切な存在」と思える子は、他の人のことも大切だと知っていきます。

「あなたが大切」をただひたすら伝え続けることが赤ちゃんにできることとして一番大切なことなのです。

赤ちゃんを育てているママも自分を大切に感じてほしいです。

貴重な命を育てているのです。

そんなママも、大切に守られるべき存在ですよね。

ママも自分自身で自分を認めながら赤ちゃんと生活してください。


「こんなに頑張っている」「私ってすごいことをしている」と自分をほめて、ありのままの自分で赤ちゃんと一緒に過ごしてください。

そして、「完璧でないママ」でかまいません。

赤ちゃんにもそう話していけば良いでしょう。


赤ちゃんと毎日一緒に過ごすことは、簡単なことではありません。

赤ちゃんを一人にせず、常に一緒にいる毎日。

それだけで、大変なことをしています。

たくさんの心配事も上手くいかないと感じて不安になるのも、自分の身体も心も忘れて赤ちゃんに没頭するのも、目の前の命を大切に考えているからなのです。

赤ちゃんを一人の人間と考えて、付き合ってみましょう。

ママの頑張りもちゃんとわかってくれています。

むしろいろいろ赤ちゃんに教えてもらうくらいの気持ちで関わってみてください。育児が変わってきます。

これから、たくさんの経験をさせてくれる赤ちゃんとたくさんのことを話しながら過ごしていきましょう。きっと面白いことがいっぱいです。

第1章

「泣いてもいいんだよ」の育児

泣いている赤ちゃんは、かわいそうではありません

赤ちゃんだって泣きたいときがある、ときには、思いきり泣いた方が良いということはご存じですか？

泣いている赤ちゃんは、決してかわいそうではありません。

いいたいことをいっているだけです。

そして、いいたいことを思いきりいうことがときには必要なのです。

少しでもママから離れると大泣き。ママがトイレに行くと大泣き。

目が覚めたときにママが近くにいないと大泣き。

いいたいことを思いきりいえているこんな赤ちゃんをみると安心します。「ママから離れたくない！」「そうそう、ママにくっついていたいん

だ！」「ママどこ行った！　いきなりいなくなった！」そんな赤ちゃんの真剣な声が伝わってきます。

時々、あまり泣けない赤ちゃんがママと一緒に来院します。

「うわー！」とか「ぎゃー！」とか泣かないのです。

「ううううう」と、何か我慢しているような泣き方です。

「ぐずぐずしている時間が多くて」と悩みがある場合は「思いきり泣かせてみましょう」と私は提案します。

赤ちゃんがぐずぐずし始めたら、赤ちゃんを泣き止ませようとせず「泣いていいよ～」と声をかけてみます。

最初は「ううう・・・」「ぐずぐず・・・」という感じです。

そのうちだんだん声が大きくなってきます。

それから、とても大声で、思いきり泣くようになります。

1時間も泣き続けた子もいるし、30分位ですっきりしてくる子もいます。

いつも泣きたいときやいいたいことがあったとき、一生懸命あやされて思いきり泣くことを我慢していたのかもしれません。

泣いている赤ちゃんがかわいそうに思えて、ママは、必死に泣き止ませようとして頑張ったのでしょう。

それにしても赤ちゃんのエネルギーは、すごいです。

汗をびっしょりかいて思いきり泣いたら、赤ちゃんはすっきりした様子で寝るか、ご機嫌になって遊び始めます。

帰ってから、パパに「何だかすっきりした顔をしているね」といわれたと聞くことも度々あります。

「泣いたらかわいそう」と思っていたら、辛くて仕方ありません。

何とか泣き止ませようと必死になりますね。

泣いたらすぐ泣き止んでもらおうと、「ママ、パパ、ときにおじいちゃん、おばあちゃんまで総動員で1日中あやしています」という声があります。泣かないように布団に降ろせないという声も度々聞きます。

抱っこのまま、ソファで1日中過ごしているという方もいました。

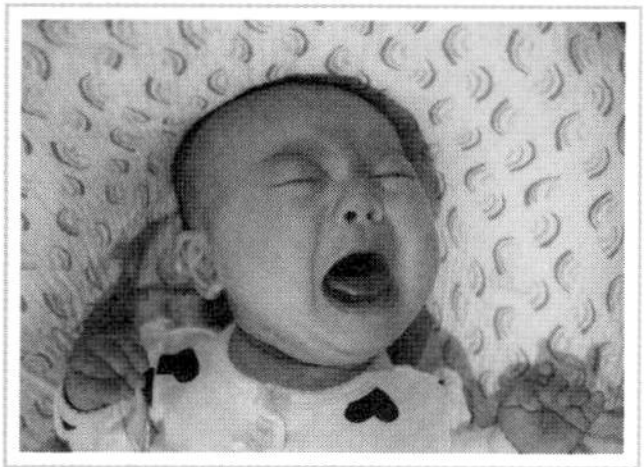

赤ちゃんが、泣き始めたら「泣き止ませなきゃ」でなくて良いです。

「なんで泣いているのかな。何をいいたいのかな」と考えてみましょう。

まず「おなかがすいている、おむつが濡れている、おしっこしたい、うんちしたい」ということを考えますね。「眠い」「暑い」もよくあります。

そして、生後2か月以降の赤ちゃん達は、「つまらない」とよく泣いています。「泣きたいから泣いている」こともあります。

そんなときは、泣かせてあげれば良いのです。

「泣いている理由がわかりません」という相談も多いです。

赤ちゃんは、そんなにわかりやすくないのです。

だから試行錯誤するのです。しっくりこなければ他の対処をしてみて、それでも泣くのなら「泣きたい」だけなのかもしれません。


泣いている理由がわからなくても、このように「泣きたい」という泣きもあるということだけ知っていれば大丈夫です。


私が、ママと一緒に赤ちゃんの泣きに付き合うときは、「泣きたいのね」「泣いている顔もかわいいね」「歯茎もかわいいね」「お口のあけ方がかわいいね」「あら、えくぼがある」こんなことをおしゃべりしながらママと一緒に付き合います。

住宅の事情などで赤ちゃんを思いっきり泣かせることができない場合もあります。

そんなときは、泣いても良い場所で、タイミングよく泣き始めたら、「泣いていいよ〜」と伝えてあげてください。

今日から「泣いてもいいんだよ」という育児をしてください。

泣いている赤ちゃんは、決してかわいそうではありません。

赤ちゃんが泣いているとママは、穏やかでいられません。だから、赤ちゃんは育ちます

助産院には、「泣きぐずり」の相談はとても多いです。

「大泣きが止まらない」と病院に行ったら「元気だね」といわれたなんてこともよく聞きます。

「泣きぐずり」で病院に行くわけにもいかないと、一人で困っているママは、さらに多いです。

初めての育児の場合は、困っていないママの方が少ないでしょう。

泣いている我が子をみているときのママの気持ちはどんなものでしょう。「泣き止ませることができない無力感」「自信がなくなる」「辛い状況がずっと続くような不安」そして、疲れがたまってくるとイライラして「赤ちゃんへの怒り」の気持ちも出てきます。

「出口のみえないトンネルの中にいるみたい」と表現した人もいました。

赤ちゃんが泣いたら、ママの気持ちは、穏やかではありません。

胸の奥の方が、ソワソワします。苦しくなります。

「申し訳ない気持ち」「責められているみたい」「いてもたってもいられない」いろいろな気持ちが湧いてきますよね。

これは、赤ちゃんを育てるために持っている必要な気持ちや感覚です。

もし、ママが、赤ちゃんが泣いているのになんとも思わなかったら、きっと赤ちゃんは、育っていかないでしょう。

赤ちゃんは必死に欲求を訴え、どうにか必死に応えようとしてくれるママがいるから、生きていけるのです。

その結果、「ママだって泣きたいよ」「少しくらい寝かせてよ」そんな気持ちになることもあるかもしれません。「イライラ」や「怒り」の気持ちが出てきたとしても、それは当然のことなのです。

しかし、そんな気持ちに頻繁になるのであれば、ママが疲れすぎている可能性があります。負の感情を抱いてしまうのは多くの場合睡眠不足が関係しています。

家族に頼って、少しでも睡眠をとること、気分転換をすることに努めると良いでしょう。

そしてそんな気持ちが続いたら、ぜひ地域の助産師に相談してみることをおすすめします。きっと親身になって相談に乗ってくれますよ。

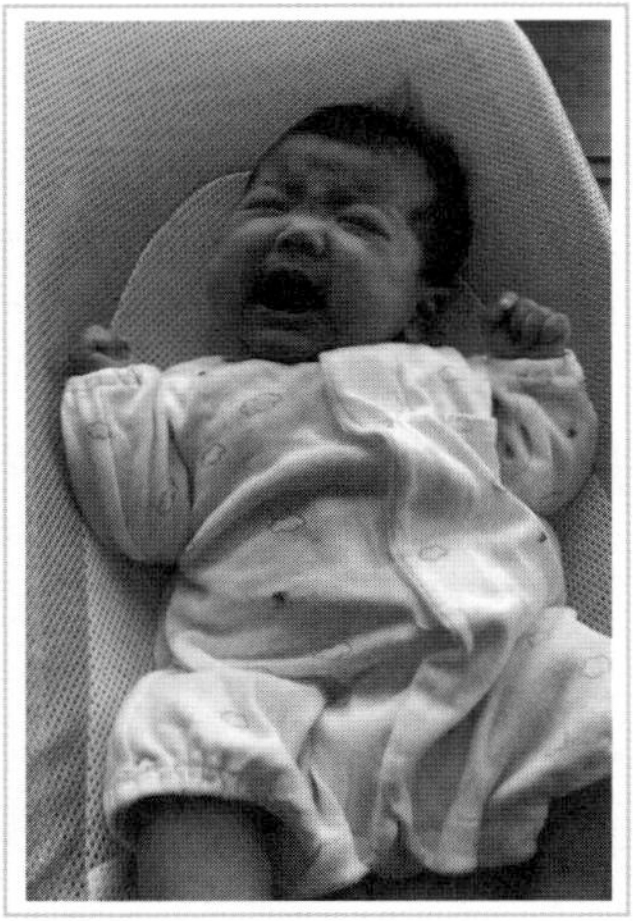

赤ちゃんが泣くということの大切さ

赤ちゃんは、なぜ泣くのでしょう。これがわかれば苦労しませんね。生まれてすぐの赤ちゃんから考えてみましょう。

赤ちゃんにとって命に関わる重要な泣き。生まれたときの初めての泣きです。おなかの中で、呼吸をしていなかった赤ちゃんは、生まれてすぐに自分で呼吸をしなければ生きてゆけません。第一啼泣《ていきゅう》といいます。初めて自分で呼吸をし、生きていくための重要な泣きです。

ですから、産声が元気だととても安心します。

そしてその後、ママと離れた気配で大泣きします。「ママはどこに行った？」と泣いているようです。今までずっと一緒だったママとできるだけ一緒にいることが赤ちゃんにとっての安心につながるのです。

生まれて1日位は、わりと大人しいですが、3日もするとおなかがすいて泣くようになります。このとき、早めに生まれた子や元気がない子は、あまり泣きません。ここでも泣いている子をみると安心します。

そして、布団に寝かされたら泣き、暑くても泣き、抱っこがしっくりこずに泣き、自分のしゃっくりにびっくりしても泣き、おならが出るときに泣く。ほんとうによく泣きますね。

赤ちゃんにとって泣くというのは生きることそのものです。ですから、泣いているとき、「なんて生きるエネルギーがあふれているんだろう」と考えてあげてください。

赤ちゃん自身もどうしようもない泣きもあります。

「眠くてたまらないけれど、寝たくない。今の世界が変わっちゃうかもしれないから。ママがいなくなっちゃったらどうしよう」そんな風に考えているのでしょう。

「眠いなら寝たらいいのに」と思いますよね。でも赤ちゃんは、寝たくないのですから「寝ても大丈夫。ママはずっといるよ」と話しかけてくださいね。

赤ちゃんにとって「泣く」ということが、唯一自分でできること。抱っこしてママの胸に連れて来てもらえなければおっぱいを飲めません。寒くたって暑くたって、身体の向きを変えることも自分ではできないのです。そういったことを泣くことで、伝えようとしています。

「泣くこと」によって、ママが自分の欲求に応えてくれた。

時々、求めていることと違うことをされるけど、それでも何とか応えようとしてくれた。泣いたら、抱っこして付き合ってくれた。この繰り返しが、赤ちゃんにとっては、ママとの信頼関係の向上につながります。

そして、世の中を信じることにつながっていくのです。

赤ちゃんには、よく泣く時期がある。母乳が足りなくなった？

赤ちゃんには、ぐずりやすい時期があります。

退院して赤ちゃんの世話に少し慣れて、夜も寝てくれるようになったのに、あるときまた、ぐずりやすくなったりすることがあります。

これは、心と身体の成長期に起こります。

また心と身体の成長のアンバランスから来ることもあります。


まず、身体の成長の方から説明します。

3週間、6週間、3か月。赤ちゃんは、それぞれの時期に急に必要な栄養が増えます（もちろん、個人差があります）。

このことはあまり気にならないママもいれば、この様子が心配で相談に来るママもいらっしゃいます。

「授乳間隔があくようになって楽になったと思っていたら、急に頻回に欲しがるようになりました」

「何だかいつもおなかがすいているようで授乳時間がすごく長くなりました」

「夜頻繁に起きるようになりました。おっぱいが足りないのか心配です」


母乳が減ったのではなく、母乳の必要量が増えたサインです。

そういったときは赤ちゃんが欲しがるだけあげてみてください。

しばらくすると、ママの母乳の量が増えて、また元の授乳間隔が戻ってきます。赤ちゃんの母乳の必要量が増えれば、赤ちゃんが教えてくれます。それに合わせて母乳をあげる回数や授乳の時間を長くしましょう。


ミルクの場合も同じです。赤ちゃんが欲しがるタイミングで少し量を増やしていくと良いでしょう。赤ちゃんの欲求に合わせていれば、一般的な授乳回数もミルク缶の量も気にしなくて良いです。

もう1つは、脳の急成長期。
いろんなことを吸収しているときは、ぐずりやすかったり、夜泣きがあったりします。ぐずっている日々が続いたかと思うと、できることが増えていったりします。

赤ちゃんの脳は、急成長しています。みえる世界も日々目まぐるしく変わっていきます。赤ちゃんも自分の成長にびっくりしながら、落ち着かなかったり不安になったりするのです。

そう考えると、ぐずることは成長の証ですね。
この成長期にべったりしたがったり、泣きやすくなったりしています。そういったときは抱っこをし「大丈夫」と安心感を与え続けてください。

おしゃぶりのほんとうのデメリット

「おしゃぶりを使った方がいいですか?」よくある質問です。あるいは「ゴムのおしゃぶりを吸ってくれません」「指しゃぶりしてもいいのですか」これらもよくある相談です。

大体の場合、私は「ゴムのおしゃぶりはあまりお勧めしません」「自分の指しゃぶりはどんどんさせてください」と答えています。

生まれたての赤ちゃんには、吸啜《きゅうてつ》欲求という本能があります。いつも何かを口でしゃぶっていたい。

生まれたての赤ちゃんは、自分の指を自分のものとは思っていません。しかし、実は胎児のときから、指をしゃぶっているのです。

それで気持ちを落ち着かせていたのでしょう。

赤ちゃんは、心が落ち着くことができると喜びます。自分で自分の気持ちをコントロールする。これは、大人であっても大事な力ですよね。

では、自前のおしゃぶりがあるのにゴムの「おしゃぶり」を使おうと思ったのはなぜでしょう。

「お店に売っていたから、使った方が良いと思っていた」「プレゼントでもらったから」などと明確な理由がないケースでは、使わない方が良いです。

「泣きを止めるため」というような、深刻な理由があるときは、おしゃぶりを使うのも良いでしょう。

赤ちゃんが、「泣いているのをみるのが辛すぎる」、「胸の奥が痛い」などと泣いている赤ちゃんをみて、こんな気持ちになると、子育てが辛くなってしまいますね。

いろいろな考え方がありますが、ママが辛くなる方法はお勧めしません。

「ゴムのおしゃぶり」のデメリットとして、歯並びが悪くなる、外しにくくなる、母乳分泌が減るなどいろいろいわれています。私もそう考えます。

しかし、私が考えるデメリットは、そうではなく、赤ちゃんが、おしゃぶりによって「口封じ」をさせられることにあります。

赤ちゃんには、何らかの欲求を伝えたいので、いいたいことをいっている、もしくは、泣いているということがあります。そのタイミングで「ゴムのおしゃぶり」が口に入る。何だかわからないけど、とりあえず、気が収まる。そして泣き止むのです。

いいたいことをいおうとすると、止められる。

「もしかして、ママは、いいたいことを思いっきりいうのを好きでないのかな」と赤ちゃんは感じます。ママも赤ちゃんも、いいたいことをいえる、それを良いことと捉えることができる、その方が断然良いですよね。

「お家では、いいたいことをいえる」「受け止めてもらえる」から安心できる。これから大きくなっていくためにも大切なことでしょう。

黄昏泣きはみんなが経験

夕方から夜中までの間、よく泣く子がいますね。

ママも夕方になるとたまった家事をしなくてはいけなくなったり、1日の疲れが出たりとソワソワする時間かもしれません。

赤ちゃんも同じ、疲れが出る頃ですね。そんなときに、ぐずぐず泣いたり、ワーワー泣いたり、途方に暮れてしまいますよね。

赤ちゃんは、1日1回位は、思いっきり泣きたいのです。

赤ちゃんのエネルギーは想像以上で、あの小さな身体でたっぷりのエネルギーを持っています。


ですから、赤ちゃんには、やさしい刺激を与えてみましょう。

例えば気分転換の一環で、日中は、外の空気を吸わせてあげましょう。外の空気を吸うこと、風を感じること、人の声を聞くことがいい刺激になります。

雨の日だったり、家の中にいてご機嫌のときは、腹ばいにしたり、抱っこをして景色が変わったりということだけでも、赤ちゃんにとっては、いい刺激です。

2か月もすると、「つまらない！」と泣いていることもよくあります。夕方の泣きは、そういった感情が爆発して発散泣きをしているのかも。

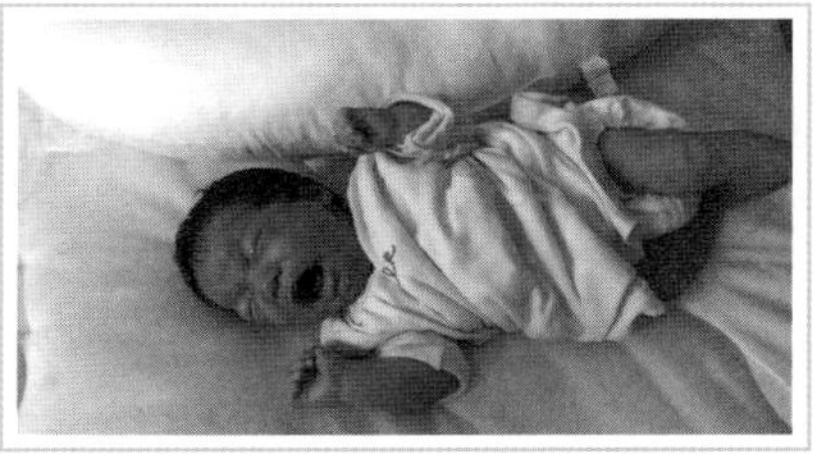

泣き止ませようと頑張りすぎず、まずは抱っこをして、落ち着かせてください。

落ち着かせようと頑張っても大泣きしているのなら、泣いている顔をみつめてみましょう。

ママやパパの胸で腹ばいになったり、体操したりして遊ぶのも良いでしょう。

「泣いていた子が、もう笑った」なんてこともよくありますよ。

もしくは「黄昏泣きをするのは、仕方ない」と考えて、夕方までにご飯の支度を終わらせて、夕方からは、赤ちゃんの泣きに付き合おうと考えても良いでしょう。

ママには、いいたいこといえる方が良いですよね

「ママと一緒にいるときは、よく泣いたりぐずったりするけど、他の人の前では、静かなんです」というママも多くいます。

それは、心がよく育っている証拠です。

それもそのはず、赤ちゃんはママがいつでも自分を受け入れてくれることをわかっているため、いいたいことは遠慮せず、いっています。

何をしたって、真剣に向き合ってくれるってわかっているんです。

ママには、安心していいたいことをいっているのですね。

お出かけしたり、他の方と会ったりして、大人しくしていたのに、家に帰ると大泣き。行儀良くしていて疲れちゃったのでしょう。きっと、頑張っていたのですね。

そんなときは、ママも一緒に「あ～疲れたよね～」といったり「ありがとう。おかげで、楽しかったよ」といったりしながら、泣いている赤ちゃんに話しかけてあげてくださいね。

泣きたいときに思いきり泣くことができる赤ちゃんは、成長するにつれ落ち着いていきます。

大人も、大泣きしたらずっきりしますよね。
私は、たまに思いっきり泣ける映画をみます。
我慢せずに大泣きするとすっきりします。赤ちゃんも同じです。
あまりため込まないように、ちょこちょこ発散させてあげると良いです。

泣きたいときに泣く。いいたいことは、ママにはいう。
外では、ちょっと頑張る。

そして、家に帰ってきたら、またいいたいことがいえる。

これは大事です。

大きくなって、学校で嫌なことがあったとき、遠慮せずにママにいってくれた方が安心ですよね。

いいたいこと、辛いこと、困ったこと、そういったことを我慢するより、ママに安心して話せる子に育ってほしいですよね。

そんな赤ちゃん、子供の方が幸せです。

赤ちゃんは、空気を読みます。ママの前では、ありのまま…

「あれ、誰かがいると落ち着いている？」人と集まっているときや、お客さんが来たときは、静かになっている。

赤ちゃんは、空気を読みます。ママが緊張している場だと、一緒に緊張します。

ママが一緒にいるのであれば大丈夫。ですが、あとから「ママ～大変だったよ～」と大泣きするかもしれません。

また、あまり行かないパパの実家だったり、一緒に在籍している職場に休職届けを出すときや、育休の取得をするために挨拶に行くときに、ママが気を使っていると、赤ちゃんも気を使います。

社会に出れば気を使わなくてはいけないときがありますから、これでOKです。「いろんなところがあるんだ」と感じて育っていくのです。

助産院の中でも赤ちゃんは、「空気読むなぁ」と思うことがあります。助産院には、乳腺炎などの母乳育児中の悩みでたくさんのママが訪れます。

ときには、ママが、入院するほど高熱だったりすることもあります。

ママが入院する場合、赤ちゃんも一緒に入院したりするのですが泣いてばかりいた子が、ママの体調が「悪い」とわかると大人しくなります。「ママの余力がないぞ」とわかるのです。

ママの体調が改善してくると、いつも通り泣いたり動き回ったりして、通常時に戻ります。このことに、ママがびっくりします。

ママもパパも育児や仕事に必死なので喧嘩も起こります。

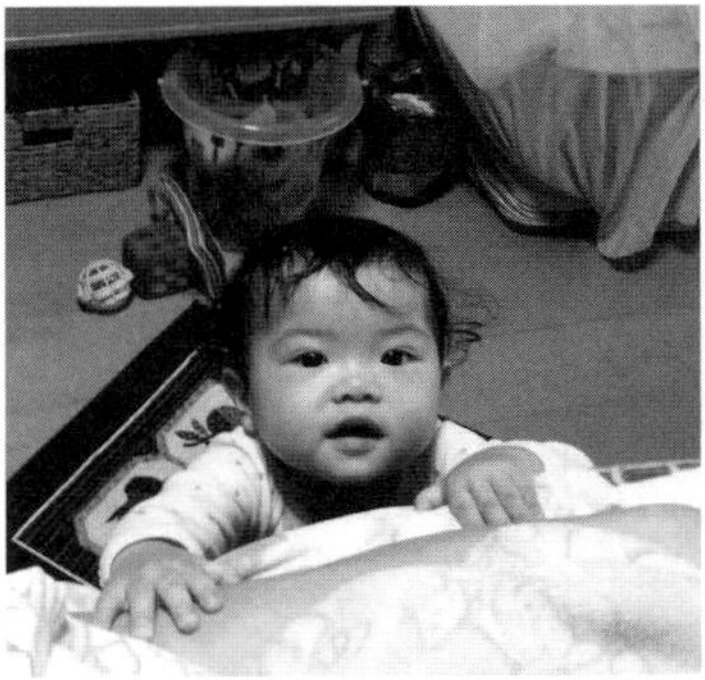

ママのことは、あたしに任せて

そんなとき、絶好のタイミングで赤ちゃんが笑うことがあります。

赤ちゃんなりに空気を読んで「今は笑顔！」ということなのでしょう。赤ちゃんは、自分のかわいさをわかっているのです。

もちろんこの夫婦喧嘩解決のための笑顔は、頻繁にさせないように心がけましょうね。

赤ちゃんは、大人の想像以上にいろいろとよくわかっているのです。

ですから、私は、常々、いろんなことを赤ちゃんにお願いしています。

母乳外来の終わりには、すべての赤ちゃんに「ママを頼んだよ」とお願いしています。赤ちゃん達は、「任せて！」という表情をしてくれます。

赤ちゃんは、ママの心の中をお見通し！ママを通して世の中をみている

赤ちゃんは、ママの心の中がわかっています。

ママが心配そうであれば、赤ちゃんも心配になります。

ママが安心していたら、赤ちゃんも安心します。

だから、ママができるだけ幸せに過ごせると、赤ちゃんも幸せな気分になります。このように、赤ちゃんは、ママを通して世の中をみていま

す。

ですからママが、ハッピーでいられることを考えるのが赤ちゃんの幸せな気持ちにつながるのです。

基本的に赤ちゃんは、人に対しては「ママとそれ以外の人」という認識をしているので、ママと仲良くしている人を受け入れやすいです。ママが安心して関わっている人、例えば、おばあちゃん。ママがおばあちゃんにいろいろ頼めて幸せそうだと、おばあちゃんには、すぐに心を開くでしょう。

そして、ママの外見も関係します。ママが眼鏡をかけていれば眼鏡をかけている人には安心感を抱いたりします。

顔や、体型もママに似ていると赤ちゃんは好きになるようです。

声は、高めがいいみたいです。赤ちゃんと話すときは、皆自然に高めの声になりますよね。

ママが、安心できるところに身を置いて、赤ちゃんには、安心してもらいたいですね。

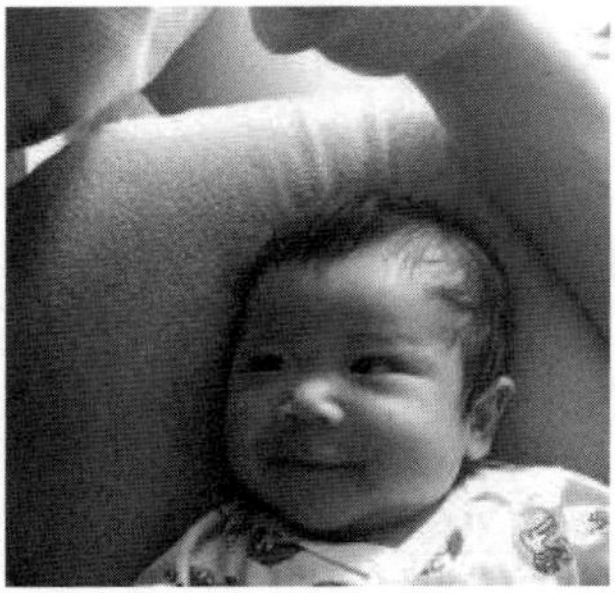

ママが安心していると赤ちゃんも安心！

「立派なママ」より「ちょっと抜けているママ」くらいがちょうどいい。赤ちゃんは心配性のママをまるごと受け入れている

赤ちゃんは、宝物ですね。だからこそ、すべてが心配になる。

「育児はこれでいいのか」「赤ちゃんは健康か」「(泣いていると)泣いていて心配だ」寝ている時間が長いと、「元気がないのでは？」と心配に…。


こういった気持ちになるのは、赤ちゃんが、大切だからです。

出産したママと話していると、「子供を持ってこんなすごいことだとは知らなかった」といいます。

「自分よりも大事なものがあるなんて」「この子を守らなくては！」とほんとうに必死です。

そして、育児には、マニュアルはありません。「なんて難しいのだろう」と思うこともあるでしょう。

頑張ったからといって、上手くいくわけではない。思い通りになりません。頑張るほど、空回りしたり、かえって不安が高まったりすることもあるでしょう。

「心配しすぎだよ」といわれても「心配が止まらない」なんていうママもいます。

その結果「こんな心配性なママでごめんね」とネガティブになってしまうママもいます。

これらも赤ちゃんを産んだママの本能です。

何が何でも「この命を守らなければ」という気持ちになるのです。

ですから、もともと心配性気味の方は、さらに心配性に。

そうでなかった方も、ご自身の変化にびっくりされている方もいます。

でも、赤ちゃんは、心配性のママをまるごと受け入れています。
ですから、不安はあっていいのです。
完璧にできなくて当たり前です。そして、赤ちゃんは、ありのままのママがいいのですから。

妊娠中の方から「ちゃんとしたママになれるか心配」といわれました。私は、はっきり「だれだっていきなり立派なママにはなれないよ。赤ちゃんに育ててもらってね」といいます。

心配性な自分も、不安がいっぱいの自分も「頑張っている！　私！」と自分をほめてくださいね。「立派なママ」より「ちょっと抜けているママ」くらいでちょうどいいと思います。

赤ちゃんの生活リズムに合わせながら生活する。でも自分の生活も大切に

「夜の寝かしつけに2時間かかって大変です」「お昼寝を1時間とか決めた方がいいですか？」「夜起きるのは、昼寝をさせすぎですか？」

ぐずる赤ちゃんの寝かしつけは、ほんとうに大変ですね。

私も長女のときは、寝かしつけには、苦労しました。

抱っこでゆらゆら。テレビの砂嵐、レジ袋のシャカシャカの音。それでも寝なければ真夜中のドライブとか…。

添い乳でおっぱいをあげたら寝たのかもしれません。

げっぷをさせるために起こそうとしなければ、起きなかったのかもしれません。

そもそも寝かしつけに時間をかける必要があったのだろうかと思いま

す。3人目のときは、赤ちゃん一人に時間をかけられなかったので、寝かしつけようと寝室に行き、横になったとたん自分が先に眠ってしまうことが多々ありました。

「ねんね」の相談もよくあります。

ぐずっている赤ちゃんをずっと抱っこで寝かしつけ、身体がボロボロになり「夜が来るのが怖い」というママもいます。

インターネットでいろんな情報も出回っていますね。

「やってみたいな」と思うものがあったらやってみると良いでしょう。上手くいけばそれでよし。でも、そうでない場合、どうしたら良いかわからないママ、困っているママに話をしたいと思います。

赤ちゃんの成長のためには、自然のリズムに合わせることが必要です。外が暗くなる頃には、照明やテレビの音は少し落として、目と脳をお休みモードに持っていきましょう。

朝になったら、カーテンは開けて、外と同じように明るくしてください。生活リズムという意味では、まずこれらのことができていればいいでしょう。

少しくらい夜寝るのが遅くても、朝起きるのが遅くても、大丈夫です。

ただし、パパが帰ってからなど夜遅くに沐浴したり、お風呂に入るといったことは避けた方が良いでしょう。

大人と一緒に12時まで起きるというのは、大人のリズムに合わせてしまうことになりますね。

基本的には、赤ちゃんの生活リズムに合わせること、自然のリズムに合わせることを優先してください。

「赤ちゃんが睡眠不足なのではないかと心配で」という相談もあります。

心配ご無用です。赤ちゃんは、眠くなったら寝ます。

むしろ私が心配しているのは、ママの睡眠不足です。

赤ちゃんが寝ている時間は、家事をしてしまおうとか動き回るのではなく、赤ちゃんと一緒にお昼寝をして、ママが睡眠不足にならないように気をつけてくださいね。

赤ちゃんは、朝早起きをする子が多いです。4時とか5時とか、まだ大人は寝ていたい時間かもしれません。

一方、朝起きるのが遅いので、起こした方がいいのかという質問もあります。

そういうときは無理をして起こさなくて、良いです。

カーテンを開けたり、閉めたりして、明るい・暗い状態はつくり、あとは、赤ちゃんに任せましょう。

生活リズムは幼稚園や保育園に行ってからでも整うので、無理をせず、朝寝坊も良いではないかくらいに考えましょう。

気持ちよく寝ているときに起こされたら、赤ちゃんは機嫌が悪くなるはずです。そして、お出かけの予定があれば、寝ていても連れて行かければならないこともあります。

それは仕方がないことなので、のんびりできるときはのんびりし、出かけなければいけないときは出かけると考えて、あまり深く考えすぎずに過ごせればそれで良いと思いますよ。

お家にいて、ママと一緒に過ごす時期は貴重な期間です。肩の力を抜いて、楽に育児をしてくださいね。

赤ちゃんは、飲みたいときに飲んで、寝たいときに寝て、遊びたいときに遊びます。また、遊びたいけれど眠いってぐずっている子が多いですね。

赤ちゃんは、遊びながらでもいきなり寝ます。

食べながらでも寝ます。

大人にはあり得ない行動でびっくりするかもしれません。

ですから、赤ちゃんのペースで生活をしてくことが赤ちゃんにとっては、楽なのです。

とはいえ、赤ちゃんが起きてから買い物に行こうとか、赤ちゃんに合わせすぎる必要もありません。ママの都合もありますので、お出かけしたいときは、赤ちゃんに説明してください。赤ちゃんとママの生活リズムに、折り合いをつけながら生活していただけたらと思います。

ママも一緒に泣いていいんだよ

赤ちゃんが、泣き出したら、まずは、「どうしたの？」と聞いてみましょう。慌てて対応しなくても大丈夫。

例えば「どうしたかな～」「おなかすいたのね～」「今準備するからね」

「あら、もう起きちゃった?」と声をかけながら、対応しましょう。

寝ていたと思ったら「ぎゃー」といきなり泣き出すこともあります。おなかの動きが気になったり、夢をみているのか寝言で泣くことも多々あります。少ししたら、また寝始めます。

ときにはなかなか泣き止まず、途方に暮れてしまうこともありますね。そういうときは、泣きに付き合ってみましょう。

泣いている自分をママが受け入れてくれたら、赤ちゃんはまたママの愛情を確信します。

大変なとき、ママも涙が出てしまうこともありますね。

赤ちゃんが泣いていたら「こっちの方が泣きたいよ」と思うこともあるでしょう。それでいいですよ。泣いちゃいましょう。

泣くことはストレスの解消になります。

「ママになったからには、強くならなければ、立派にならなければ」そんな考えは辛いだけ。

ママだって、泣きたいときがある。ママが泣いていれば、赤ちゃんは、その方が気楽に過ごせます。

そして、人に頼ることが大切です。

子育ては、ママだけ、またママとパパ二人だけでするものではありません。赤ちゃんも大きくなって人に上手に頼れる子になってほしくないですか？ 自分だけで頑張らねばなんて思う子は、辛いはずですよね。上手に人に頼る子に育ってほしいのなら、まずはママが、上手に人に頼ることを練習していきましょう。

助産院でみていて「人に頼ることが苦手なママが多いな」と感じます。特に仕事も人生も頑張ってきたママに多いように感じます。頑張り屋さんは、要注意。「手伝って」がいえないのです。

でも、「命を育てる」ことは、頑張りだけでは、どうにもならないことがあるのです。

赤ちゃんという別人格を育てていくこと、これは、今までの勉強や仕事とは、まったく次元が違うことなのです。一番の違いは育児には正解もマニュアルもないことです。

私はそういったママをみるたびに、サポートする人はいるだろうか？　家事や育児を手伝ってくれる人はいるのか？　もし何かあった場合、子供を預かる人はいるのか？　また、ママの心を支える人はいるだろうか？　旦那さんはその役割をになっているだろうか？　などと考えます。

実家が遠方だったり、両親が高齢だったり、シングルで育てる場合に手伝いの手がないときは多々あります。友人に協力してもらうママ、友人だと気を使うのでベビーシッター、ヘルパーにお願いするというママもいます。食事だけ民間の業者に頼むとか、今はいろいろな方法があります。

また、市町村の子育て支援課などに相談してみてください。

困りごとに応じて支援があります。

経済的な支援やサポートの情報ももらえるでしょう。

産後1か月は、できるだけ赤ちゃんのお世話中心の生活ができるよう、何らかのサポートを受けるべきです。

また中には、「パパが起きないように気を使ってる」「パパが対応すると赤ちゃんが泣いちゃうから私が全部やらないと」とパートナーにさえ、頼らずに頑張ってしまっているママがいます。

パパも一緒に親になったのです。パパに大変なことをお願いすることは当たり前です。

人に頼る力があることは、大切なことです。赤ちゃんが、あなたに「人に頼ることの大切さ」を教えるために生まれてきてくれたのかもしれませよ。

どうしてもぐずぐずが多い赤ちゃん。お産、おなかの中の生活を振り返ってみましょう

ぐずぐずが多い赤ちゃんは、いろいろな気持ちがたまっていることがあるようです。ママと出産のことや妊娠中のことを話して振り返るとみえてくることがあります。

いくつかの例をご紹介します。

お産のあと、赤ちゃんの呼吸状態が悪く赤ちゃんだけ大きな病院に搬送されてしまったママの話です。

ママは、生まれてちょっと赤ちゃんをみただけ。抱っこをすることなく、赤ちゃんだけ別の病院へ搬送されてしまいました。

その後数日でママもその病院に行き、一緒に過ごしたといいます。ママは、とても寂しかったということでした。

赤ちゃんの気持ちになってみましょう。

9か月もおなかの中で一緒に過ごしたママから離れてしまいました。今まで、おなかの中で聴いていた、ママとパパの会話も聞こえず、どんなに寂しかったことでしょう。

ママに「寂しかった気持ちを赤ちゃんに話してみましょう」と伝えてみました。

「あのときいきなり離れちゃって寂しかったね。命を守るために仕方がなかったの。寂しかったね。抱っこできなくてごめんね。ママも抱っこしたかった。初めて抱っこできて嬉しかった。ありがとう」

赤ちゃんは、いろんなことがわかっています。一緒に話したらいいのです。妊娠・出産は何が起こるかわかりません。

赤ちゃんとママに起こった事実は変わりません。

ただそのときのことをママが思い出し話をすれば、それぞれの状況で頑張ったことを分かち合えることになるでしょう。
そういったことをきっかけに赤ちゃんとつながることができます。
泣いている理由がわかるだけでぐずっている赤ちゃんと過ごす時間が変わると思います。何より、赤ちゃんは、自分の気持ちがわかってもらえたということを理解できるのです。

このママのケースでは、こういった形で話をしたあと、赤ちゃんとの距離感が近くなり、ぐずぐずが減ったように感じたということでした。

この話のように搬送になったことがなかったとしても、赤ちゃんにとっても、産まれるということは大変なことです。

例えば、吸引分娩では、必死に頑張っていたときに「急に頭を引っ張られた」なんて赤ちゃんは思ったかもしれません。

安産といわれたお産だって、ママにとっては、「あれが安産なの？」と思うような命がけの体験です。赤ちゃんだって、快適な子宮から狭い産道を通って出てくる命がけの冒険です。ですから、その体験を分かち合いましょう。

お産の体験は、何度も振り返るべきだと思います。命を産む大変なことですから、いろいろな思いもあると思います。

ママだけでなく赤ちゃんとパパも分かち合ってください。

大変なことがあっても赤ちゃんが大きくなったとき「生まれてくれて嬉しかった」と伝えられるように、とっても大変だった人も「大変だったけど、嬉しかった」と伝えられるように、成長を見届けながらお産を振り返ると、どんなに大変だったことも「素晴らしい体験」「目の前の命が生まれた喜び」に変わっていきます。

また、妊娠中の体験が、赤ちゃんのぐずぐずにつながっていると思えるようなことがあります。切迫早産で入院していた赤ちゃんのケースです。

ママは、妊娠中心配でたまらない毎日でした。もちろんそれは赤ちゃんにも伝わっています。そして、赤ちゃんは、何でも自分のせいだと思うようです。「自分のせいでママを不安にさせている」と。

そのようなケースでも「こうして生まれてくれてありがとう。不安は、もう全部吹っ飛んだんだよ」とか何でもいいです。

今の気持ちを言葉にして伝えて、安心させてあげてください。


赤ちゃんが早産で生まれたときは「小さく産んでごめんね」こんな風に思い続けているママがいます。そんなママをみて赤ちゃんは「小さく生まれてごめんね」と思っているかもしれません。

少し早めでも、とっても小さく生まれても、赤ちゃんが「生まれたい！」と決めて生まれてきました。「早くママとパパに会いたかったのね」「せっかちさんね」「生まれてきてくれたから嬉しいよ」何でもいいです。

「生まれてくれてありがとう」という気持ちを言葉にして伝えてあげてください。


こんな風に振り返っていくと、ママ達が「ぐずり」が減りましたといいます。しかし、実際に減ったのかは、わかりません。

ただ、ママが赤ちゃんと通じ合えたような気持ちになるようです。
そのために、ぐずりと思っていたものが、気にならなくなったのかもしれません。

泣いてもいいんだよの育児のその後

「ママが自分を愛してくれている」ということを実感した赤ちゃんはほんとうに幸せです。

泣いている自分を受け入れてくれるということで、赤ちゃんは、さらにママの愛情を確信します。

泣いては、「どうしたのかな」と気にかけてもらえる。「つまらない」といえば、いろんな方法であやそうとしてもらえる。日々のこの繰り返しはとても大切です。これは、子育ての期間を考えればほんのひとときなのです。しかし、このひとときが将来につながります。

このやり取りの繰り返しで、赤ちゃんの自己肯定感が育つのです。「自分は大切にされている」と認識していきます。もし、自分が大切にされない環境に身を置けば、「これは、違う」と気が付きます。この根っこを今育てています。

赤ちゃんの泣きは、泣いているというよりいいたいことをいっているだけ。抱っこしながら、お付き合いしてくださいね。

赤ちゃんもママも「泣いてもいいんだよ」です。

いいたいことをいっているのだ！

助産院に行ってみよう

助産師の歴史は長く、「腰抱き」「産婆」「助産婦」「助産師」と呼び名は変わってきました。自宅分娩がほとんどだった時代には、地域には必ず産婆さんがいました。戦後になると、助産師の活動の場が、病院、診療所に変わっていきました。

いつの時代にあっても、女性のそばに寄り添い、励まし、ママと赤ちゃんの安全・安心を守り続けてきたのです。助産師の役割、魂は変わりません。

ですからぜひ助産師とつながってほしいと思っています。産婆さんが、地域にたくさんいた時代と比べ、人数が減ってはいますが、現代も地域の助産師は、女性と女性を取り巻く家族を支える存在として働いています。

助産師には、妊娠・出産の心配事、子育てのこと、夫婦のことなどだくさんのことを相談できます。

私がいいたいのは、ママには何かあったら相談できる場所や、相談できる人を持っていてほしいということです。

助産院に来たママ達は「助産師に出会って子育てが変わった」「助産院が地域にあるって知らなかったです。友人にも教えたいです」といいます。

そもそも助産院にはどんなときに行ったら良いのでしょうか。

助産院の助産師がケアするのは「ママとその家族の一生」ですが、ここでは主に、出産の前後妊娠期から赤ちゃんを育てている間のママについてお伝えします。

母乳外来や育児相談を掲げているところもありますし、定期的にママ達が集まるサークルやベビーマッサージなどを開催している助産院もあります。

そして、一人の助産師に会ったとたんに、視野が広がります。

助産師は、出産や産後の育児に関する情報をたくさん持っています。多くのママのサポートをして経験も積んでいるでしょう。

助産師は、ママと赤ちゃん、そして家族の生活を実際にみています。そのときのママに必要な情報を伝えてくれます。


ちなみに私は、たくさんのママの相談に乗りますが、ママの困っていることを解決するためには、ママと赤ちゃんのことをいろんな方面から考える必要があると感じています。

そのためには、赤ちゃんの生まれ持った性格や、ママの性格、上の子がいるか、手伝ってくれる人はいるのか、睡眠不足かどうか、どのようなお産をしたか、仕事復帰の見通しはどうか、などあげれば切りがないくらいその人のことを考えて、アドバイスをするのです。

このようにママと赤ちゃんの数だけ育児は違うのです。

よくあるケースをお話しします。

「赤ちゃんの体重増加が少ないのでミルクを足してください」といわれてしまったと心配しているケースです。

ママの母乳分泌の状況、実際の授乳の様子をみて、そして今までの成長のペースやママとパパの体格や、ときにはママとパパの小さいときの成長の様子まで伺います。

そもそもミルクを足す必要があるのかと思われるケースもあります。授乳回数を1回増やしたり、第4章でお伝えする「時間授乳」をやめるなどで体重が増えていくこともあります。

そしてママの気持ちはどうでしょう。「ミルクを足したいのか」「足したくないのか」ほんとうの気持ちが大切です。

ミルクを足すのも哺乳瓶だけでなく、カップであげるなど選択肢があります。

ミルクを足す時間も、夕方忙しいときとか、夜中はミルクとかあるいは、昼間に足して夜中は、母乳のみなど、生活を考えて、ママと赤ちゃんに合った方法、少しでも負担のない方法を話し合います。

このようにひとりひとりのママと赤ちゃんにあったアドバイスを得られ、あなたに向けたオーダーメイドのケアが受けられる、寄り添ってくれる専門家に会うことが助産院に行く目的になります。結果楽しい育児につながるでしょう。

また、新生児訪問として助産師が訪問する機会があると思います。市町村により、訪問する月齢が違います。

個人的には遅すぎると感じることが多々あります。

ママ達は、退院して1週間、そして1か月健診までがとても大変だといいます。

そのため、私は退院した日か翌日にお会いすることも多いのです。

そうすることで、不安が一気になくなるようです。

大変な日々を1日でも早く乗り越えられるよう、育児の選択肢として

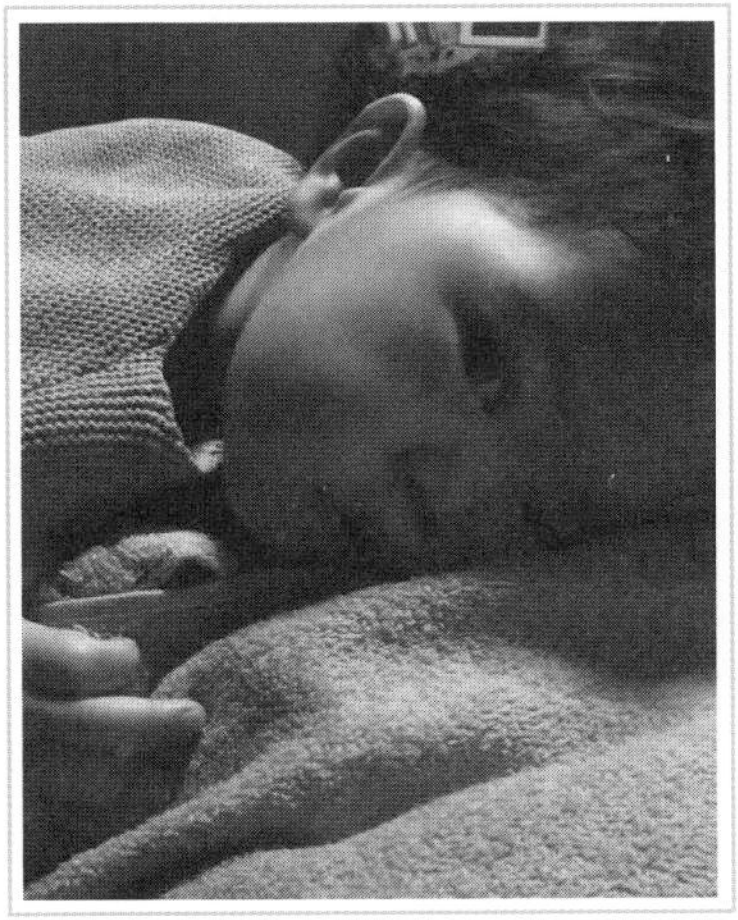

助産院・助産師へのアプローチもぜひ検討してみてくださいね（日本助産師会のＷｅｂサイトhttps://www.midwife.or.jp/index.html）。

第2章

赤ちゃんが落ち着く気持ちいい抱っこ

いっぱい抱っこされた安心感がずっとあとの自立心につながる

「抱っこ癖つきますか？」こんな相談があります。

ママというより、おばあちゃんなど他の方からいわれて、気にされることが多いようです。

なかには、抱っこしたいのに、抱っこしすぎが良くないのかと思って、我慢しているママもいました。

「抱っこ癖」は気にする必要はありません。

赤ちゃんが求めるときは、いくらでも抱っこしてあげましょう。

赤ちゃんのときにたくさん抱っこされた経験がその後の安心感につながります。また、抱っこされればされるほど、成長が促され、自立していきます。

「抱っこしてほしい」これは、赤ちゃんの本能です。

「ママに抱っこをお願いしたら、抱っこしてもらえた」という経験で「自分は、抱っこされる存在、大切にされる存在」と認識します。

そして「抱っこされて気持ちいい」と感じると「日々の生活が気持ちいいこと、心地良いこと」につながり、穏やかな気持ちとなり「この世の中は安心」と感じるようになります。

また「抱っこによる安心感」への欲望も赤ちゃんによって少し違います。生まれつきの性格もあるようです。

年がら年中抱っこされていたい子、おなかいっぱいなら、わりと寝られる子など様々です。

ですから、その子の要望に合わせて抱っこしてみてくださいね。

赤ちゃんによっては、24時間抱っこしてほしいかもしれません。

でもそれは不可能ですよね。どうしても日々の生活もあるので、赤ちゃんにもお願いをしましょう。
あとで紹介する「まんまるの抱っこ」も試してください。

もともとの性格以外にも、産前産後の状況などが関係して、抱っこを求める子がいます。ママに妊娠中や赤ちゃんが生まれたときのことを聞くと赤ちゃんの気持ちがみえてくることもあります。

先に話したように生まれてすぐに赤ちゃんがママと離れることになった場合です。病院の方針や、赤ちゃんかママの体調によりやむを得ず、一緒にいられないことも多々あります。

そのため、今は一緒にいるにもかかわらず、少しでもママと離れるのが耐えられないかのように、よく泣いたり、1日中抱っこしなくてはいけなかったりということがあるようです。

そういう子には、求められれば、求められた分だけ、安心感を得られるように抱っこを多くしてあげると良いです。

寂しかった気持ちを一番分かち合えるのは、ママと赤ちゃんです。

そのときの話を赤ちゃんにしてみましょう。

一緒にそのときのことを振り返って、泣いちゃったっていいんです。

あるいは、実際には離れていなくても、様々な理由で、妊娠中あるいは生まれた赤ちゃんに向き合えなかったママもいます。

そんな気持ちも赤ちゃんは、知っています。そのときも正直な気持ちで、話してみましょう。

「あなたを授かったとき、自信がなくて、なかなか前向きになれなかったの。でも生まれてきてくれて良かったよ。まだまだ自信ないけどよろしくね」「あのときは、身体がきつすぎて、全然お世話できなかったね。その分まで一緒にいようね」いつからだって、やり直しはできます。

赤ちゃんは、ママを全肯定します。一番の理解者です。素直な気持ちを伝えて大丈夫。とにかく、できるだけいっぱい抱っこしてください。

9か月おなかにいた赤ちゃんは抱っこが大好き

「抱っこして寝てもベビーベッドに寝かせると泣きます」「背中スイッチがすごいです」


ママやパパにとっては、大変なことですね。

でも、赤ちゃんにとっては、当たり前のことです。

9か月ママのおなかの中で、抱っこされていました。

酸素も栄養もママから全部もらっていて、いつも温かく快適。

ママの声もママの心もいつも近くに感じます。自分に気持ちを向けてくれるパパの声も聞こえます。

こんな環境で過ごしていて、生まれたら、いきなりベッドで寝られるわけがないですよね。「目が覚めたら、ママがいないかもしれない」そんな風に感じているかもしれません。

ですから赤ちゃんは、眠くてもおちおち寝ていられません。

「離れるなんて無理！」そんな気持ちでしょう。

ベッドに寝かせるコツはありますが、基本的には、赤ちゃんはこんな状況なのだと理解してくださいね。

ですから、ベッドに寝かせるときは、おなかの中をイメージして、少しでも近い状況にしてみましょう。まずは、まんまるに寝られるように寝床をつくり、安心して休めるような環境づくりをしていきましょう。

「魔法みたい!」な「まんまる」の抱っこ

「まんまる」の抱っこを知っていますか?

赤ちゃんのおなかの中にいた体勢が「まんまる」です。

少なくとも首が座る(3か月位)までは、寝かせるときも、抱っこのときも、「まんまる」を意識していきましょう。「まんまる」におくるみでくるむと、とても落ち着きます。

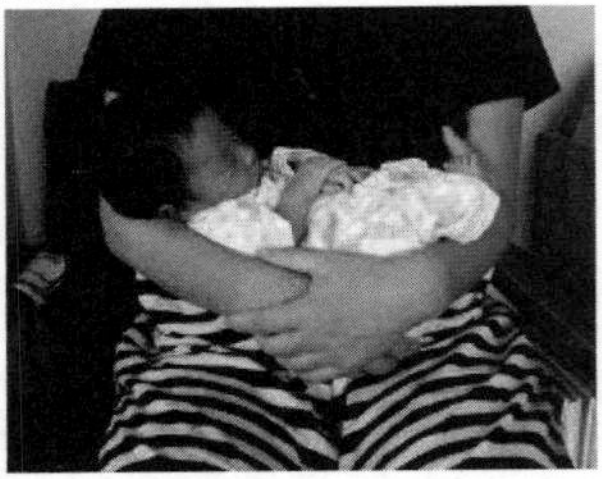

「まんまる」の抱っこ

生まれたばかりの赤ちゃんの背骨は「まんまる」のCカーブ。ですから仰向けに寝るのは不自然です。

その不自然さを何とかしようと、自分の頭を特定の方向にばかり向ける「向き癖」をつくったりして寝られるようになります。

しかし、その結果背中も、身体も硬くなってしまいます。

私に相談に来るママ達の赤ちゃんの中にも、身体が硬い赤ちゃんが、多くいます。妊娠中からおなかの中で不自然な体勢でいたため、身体が始めから硬くなっている子もいますが、多くは、生まれてからの寝かせ方や抱っこの仕方が関係しています。

仰向けで寝ている時間が長い子や首が座る前から縦抱きを多くしている赤ちゃんに硬めの子が多いです。

でも心配いりません。

気が付いたときから「まんまる」の抱っこを意識したり、ベビーマッサージなどで、身体の力を抜ける機会をつくったりして寝かせたりしましょう。

日々の心がけで、すぐに柔らかくなります。抱っこされやすい身体、つまり、リラックスしやすい身体に変わっていきます。

赤ちゃんが泣くとき、いろいろな理由がありますが、泣いているうちに興奮して何が何だかわからなくなって泣き続けている場合も多々あります。

おなかの中では、子宮という壁がありました。手を伸ばしたり、足を動かすと壁がありました。

臨月には、外側からもわかる動きでしたね。赤ちゃんにとっては、「自分が動くことができる世界に限界がある」ということが落ち着く状況なのです。

何かのきっかけで、泣きだし、手足をバタバタ、突っ張り、顔を真っ赤にしている。自分の感情も手足の動きもコントロールすることができず、赤ちゃん自身も何が何だかわからない状況です。

赤ちゃんが、わけがわからなくなっているときは、まずは落ち着かせてあげましょう。「まんまる」の姿勢で抱っこをしましょう。ゆっくりスクワットしながら、まんまるにすると落ち着きやすいです。

「キョロキョロしながら、あれ？　なんで泣いていたっけ？」という顔をするはず。少し落ち着いたら、まんまるにくるんであげましょう。くるんだままゆっくりスクワットすると、すーっと落ち着きます。

「魔法みたい」興奮して大泣きしていた赤ちゃんが、いきなり落ち着き、よくいわれる言葉です。

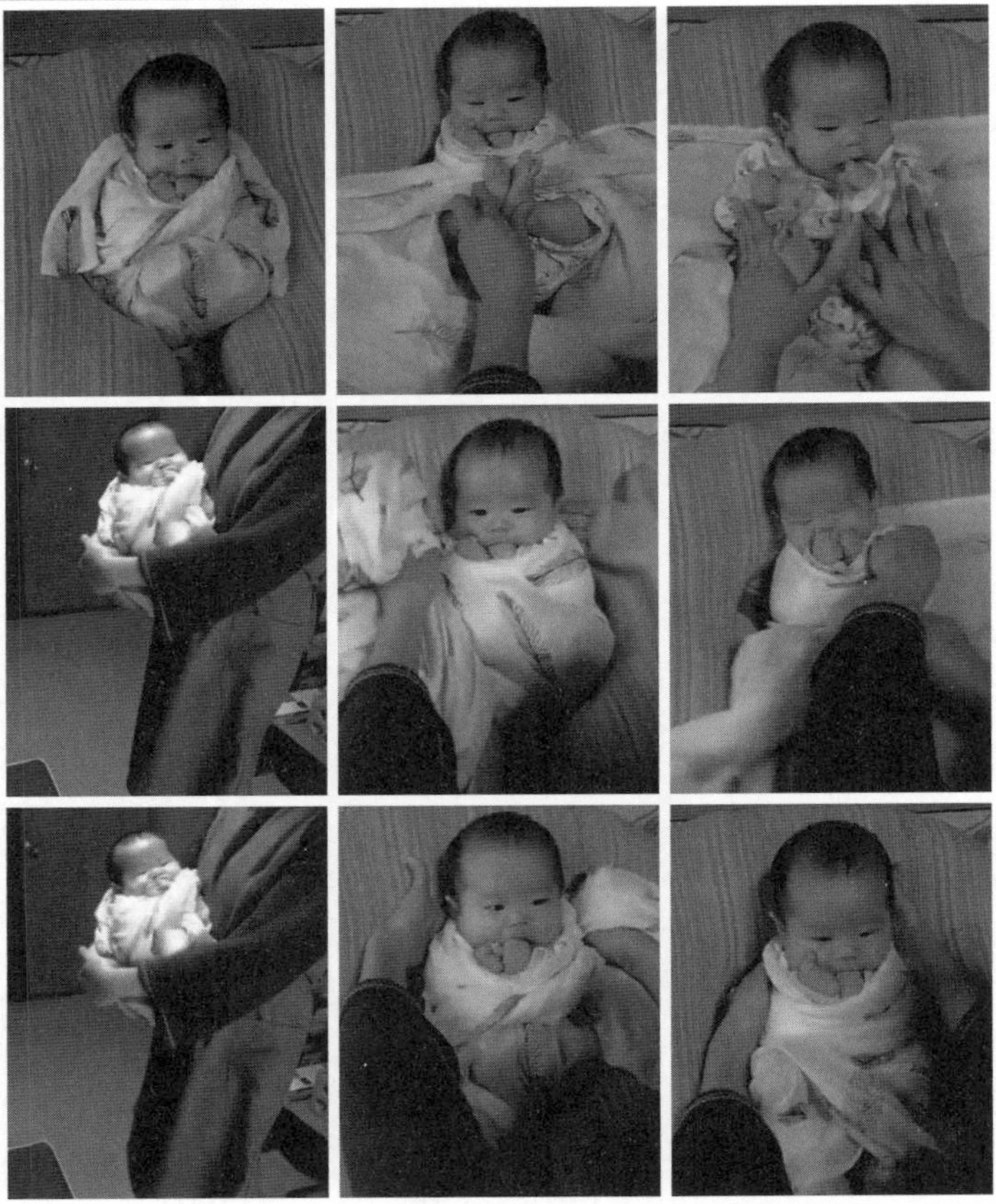

まんまるにおくるみされるのも赤ちゃんは大好きです。抱っこをしてゆっくり縦揺れも気持ちがいい。

「まんまる」の抱っこで鼻呼吸に便秘予防

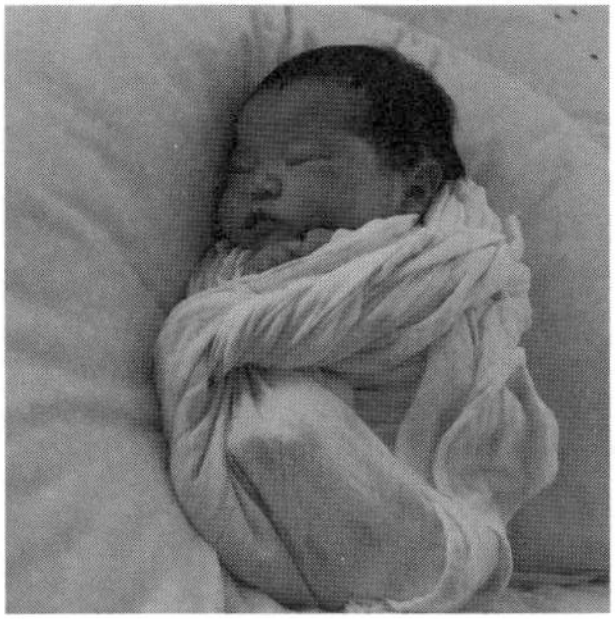

「まんまる」抱っこで一番喜ばれるのは、「リラックスして落ち着く」ということです。力を抜くのが上手な赤ちゃんになります。

そして、身体がリラックスして楽なので、機嫌も良くなりやすいです。

また身体も柔らかくなるので、寝返りをするのに滑らかな動きができたり、腹ばいになって前にあるものをとりやすかったり、ハイハイにつながる動きもしやすいです。

他にもたくさんいいことがあります。

「まんまる」に抱っこしていると赤ちゃんの口が自然に閉じます。口をぽかんと開けている場合は、「まんまる」に抱っこをしてみてください。

鼻は、天然のマスクといわれているのです。鼻毛と鼻の奥の粘膜がフィルターの役割をして細菌やウイルスから守ってくれます。
空気を温め適度の湿度も保ちます。鼻呼吸ができることは、免疫力に大きく関係していくのです。

「まんまる」に抱っこすることで、便秘予防にもなります。

便秘で困っていた赤ちゃんが、まんまるの抱っこをして、まんまるのおくるみしているだけで、うんちが出ることがあります。

まんまるの体勢で下腹部が緩み、全身がリラックスして、便が出やすくなるのです。


生まれたばかりの赤ちゃんは、首が座る（3か月位）までは、ママのおなかの中の快適な環境を思い出させるような環境をつくってあげてほしいと思います。

緊張感を少なく、身体が柔らかくなるように生活できるといいですね。

眠れないのではなく眠りたくないのかもしれない赤ちゃん　そんなときは慌てずに温かみのある抱っこを！

赤ちゃんは、眠くなるとぐずりますね。眠そうなので、眠らせてあげようとあやしますよね。

赤ちゃんは、「眠いのに眠れない」のではなく「眠いけど眠りたくないのだ」と考えてみてください。

遊びたいからかもしれません。寝たらママがいなくなるかもしれないと不安なのかもしれません。

赤ちゃんは眠りたくないのに、ママが「眠そう」と考えて、気持ちいい抱っこをしても授乳しようとしても大泣き。そんな心地良いことをされたら、ほんとうに寝てしまうかもしれませんからね。

また、ぐずったり、大泣きしているときに「寝て～」「泣き止んで～」と思いながら抱っこするとかえって泣き止みません。その気持ちはすぐ気づかれてしまいます。「寝たくない！」と赤ちゃんは逆に頑張ってしまうのです。

「そーか、寝たくないのか。眠いのにね」赤ちゃんに話しかけながら抱っこしてみてください。

または「寝ても大丈夫だよ。ママは一緒にいるよ」と声をかけてあげてください。そのうち体力の限界がきたら寝ますから。

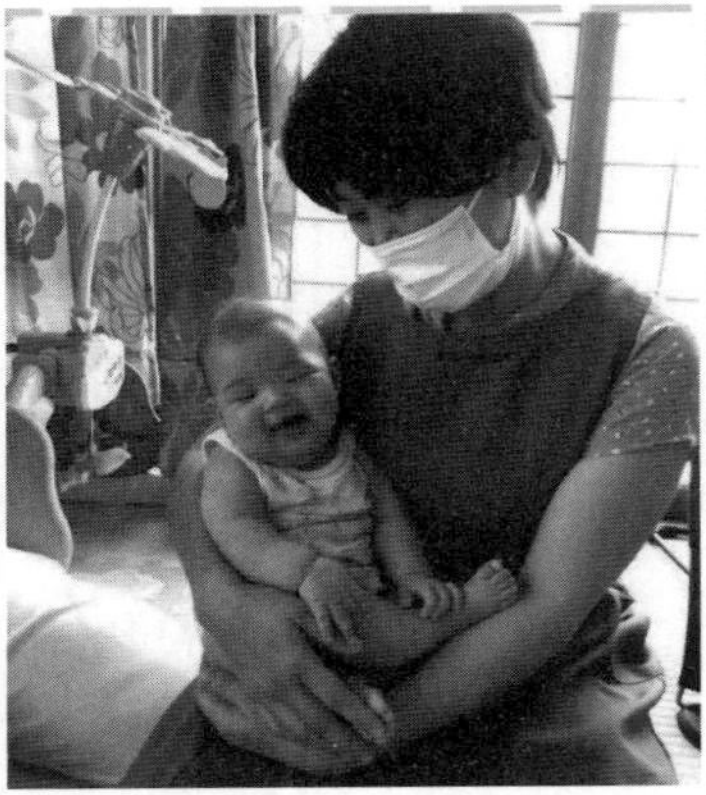

眠そうだと思ったら話しかけてあげてください。

ママの抱っこは、最高の抱っこ

「抱っこが下手でごめんね」こんなことをいいながら、抱っこをしているママがいます。

そうではなく、自分の抱っこは、最高だと思いながら抱っこしてみてください。

赤ちゃんは、心配そうに抱っこをしていたら、「心配な抱っこなの？」と思います。自信を持って抱っこすれば、「気持ちいい抱っこ」と思います。

抱っこする人が楽そうなら、赤ちゃんも「楽に抱っこされること」ができます。

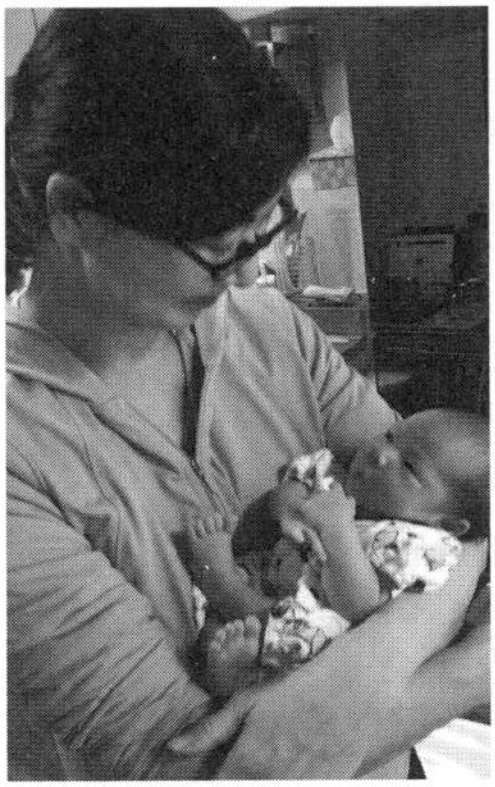

ママの抱っこは最高の抱っこ

ママの身体が緩んでいると赤ちゃんも抱かれていて楽です。
ですから、肩の力を抜いて、力みすぎていないか確認してください。
軽くストレッチをしてから抱っこするだけでも違いますよ。
楽に抱っこすることが、赤ちゃんが楽になるコツです。
ママも赤ちゃんも楽な抱っこをたくさんしてあげてくださいね。

第3章

赤ちゃんは生まれてすぐに おっぱいに向かっていく

出産すれば、おっぱいは誰でもできるのではなかったの？

「赤ちゃんは、おっぱいを吸えるはずなのに、吸えない」実は、私も経験しました。長女は、生まれてからも寝てばかり。吸えないのです。入院中の3時間おきの授乳では、いつも寝ています。

起きているときも吸えない。だから結局ミルクをあげることにしました。哺乳瓶なら目をつぶっていても吸えるのに、飲めるのに、おっぱいを出してもくわえられなかったのです。

ミルクをごくごく無我夢中に飲む姿をみて、自分のおっぱいがダメなんだ、ミルクより劣っているのかと思っていました。

結局長女は直接母乳を飲めないまま退院。

哺乳瓶の乳首をおっぱいにつけると一応飲めましたが、吸い付きが強くて、皮膚を真っ赤にしながら授乳し続けました。当時は、病院で教わったこの方法しかないと思っていたのです。とっても痛かった。

そして「こういったものをつけながら授乳している人をみたことがない」とずっと恥ずかしいと思ってきました。

私は、母乳が普通にあげられないことで、育児ができていないような、母親として不完全なような感覚がありました。


そこで、病院の母乳外来に行きました。

そのときは、「ずっと（直接）吸えないわけではないよ」といわれました。どうすればいいのか方法はわからないけれど「ずっと吸えないわけではない」それだけが私を支えるお守りでした。

「皮膚の痛みが辛くて限界だ」と思っていた頃、やっと直接吸えるようになったのです。生後2か月でした。

今、インターネットや薬局では、数々の種類のおっぱいにつける器具や哺乳瓶、搾乳器などがあり、手軽に手に入ります。しかし、おっぱいにつける器具で母乳量が減ったり、搾乳器で必要以上に母乳が増えすぎて辛くなったりすることが多々あります。それらを使うことで乳腺炎の引き金になったママにも多く出会いました。

様々なグッズは、必要な人にとっては助けとなるものです。でも必要がない人には、害になることもあります。多すぎる情報も考えものですね。

母乳育児に困ったら1日も早く相談を

助産院には、母乳育児で困っているママが日々駆け込んできます。

初めてお会いするときのママ達の訴えは切実です。

「助けてください」「どうしたらいいかわかりません」と泣きながら電話をしてくるママも少なくないです。

「授乳の時間は、拷問のようです」と痛みに耐えながら授乳しているママもいました。

「母乳育児がこんなに大変なんて聞いてなかった」「妊娠中は、お産のことしか考えていなかった」「母乳って生まれたら出るのではないの？」「おっぱいがこんなに痛いなんて知らなかった」「吸えない赤ちゃんがいるなんて知らなかった」皆さんこうおっしゃいます。

妊娠期から出産、産後に関わる助産師として、世の中に母乳育児の正しいことが伝わっていないこと、適切なケアが行き届いていないこと、そして、困ったときの相談先の情報も不足していることに辛さを感じています。

命を産み出す大仕事を終えたママ達がこんな辛い思いをしているなんて耐えがたいです。

助産院には、「母乳育児が上手くいくために」と、妊娠中から来られる方もいます。ほとんどは1回以上の出産を経験した、経産婦さんです。一人目の母乳育児が上手くいかず、早めに相談することが、母乳育児が上手くいくために必要と知っての相談です。

ちなみに、出産施設によって母乳育児の成功率が違うのをご存じでしょうか？

大きい病院だからといって、何でもできるわけではないですし「母乳育児を応援しています」と表記されている出産施設でも実際は、母乳育児を得意とする助産師がいるかどうかはわかりません。

母乳育児支援に熱心な助産師が退職したら、状況がガラッと変わるということも実際にはあります。ある産院では、「母乳育児のことをよく教えてくれる〇〇さん」という情報が、ママ達の間で広まっていて、その人の勤務を待っていたとか、その人を一生懸命みつけようとしたなどという話もありました。

そこで、見分け方をお教えします。

母乳育児支援をしっかりと行おうとしている施設なら、出産後すぐに母児同室にしているはずです。もしくは、希望を聞いてくれます。授乳の様子もしっかり確認してくれます。

一方で、母乳育児をあまり得意としない施設では「食事が、豪華。(フランス料理とか、カロリーが高め)」だったり「産後は休んでね。ミルクをあげておくから安心してね」と施設の関係者がいってくることが多いです。

出産施設は基本的には安全にお産をするところ、母子の命を守るため

のところです。その分、退院してからの育児については、入院中は教われません。

ですから母乳育児のケアや出産後のママへのケアが行き届かないこともあります。育児のスタートである母乳育児は、自分でやるぞというくらいの気持ちでいくと良いと思います。

妊娠中に助産院に来られた方には、どこで受診しているか出産施設の状況もお伺いしてできることをお伝えします。

ちなみに、私は妊娠中の母乳育児相談は「作戦会議」と名づけています。

母乳が出るためには、産後すぐに赤ちゃんにしっかりと頻回に授乳していくことが鉄則です。

また、出産施設が母乳育児をすすめているのにも関わらず、赤ちゃんの状況で、授乳できない可能性もあります。そのときはママ自身ができることを予め話し合います。

赤ちゃんが生まれてすぐに連絡をくださるママもいます。

数か月して、大変な思いをしながらやっと相談先としてみつけて来院される方もいます。

確かに、早ければ早いほど良いのですが、手遅れということはありません。そのときからできることをお伝えします。

方法は一つではありません。最善策をママとそのご家族と相談していきます。

これから出産される方、今困りごとがある方は、一日も早く母乳育児を得意とする助産師に相談してみてください。

都道府県には、助産師会が設置されています。

自治体の子育て支援課になど問い合わせても良いでしょう。産後の新生児訪問など助産師の訪問がある自治体がほとんどですが、訪問時期は、様々です。ですから、困ったら、訪問日を待たずに調べてみてくださいね。

生まれてすぐ赤ちゃんはおっぱいめがけて這い上がっていく

赤ちゃんは、おなかの中でおっぱいを吸う練習をしています。エコーをみると、赤ちゃんは、おなかの中で口をチュパチュパしたり、指を吸ったりしています。

生まれてすぐに赤ちゃんがママの胸に乗ると、おっぱいめがけて這い上がっていきます。おっぱいを捉えようと口をパクパク。首が座っていないので、なかなか捉えられず、首をゆらゆらさせながら、おっぱいを通り過ぎたりしながらも頑張ります。

上手く捉えられたら、必死にお口をチュパチュパ。外れてしまったら、泣いて知らせます。生きるための赤ちゃんの本能です。

母乳分泌量をあげるためには、赤ちゃんが欲するだけ飲ませることが必要です。ですからよく「何回もあげて」といわれます。

実はそこに落とし穴があります。

「出産施設でとにかく頻回授乳をといわれました」と痛いのを我慢してあげ続けているママが多くいます。そして、乳首が切れてしまい、痛々しくなっています。

赤ちゃんも必死、ママも必死。頑張っているけれどこれでは、続けられません。赤ちゃんも満足するようにはおっぱいを飲めません。

「頻回に」授乳するのは正解です。でもそれは、赤ちゃんが「しっかりと」吸えているかが大切なのです。

「しっかりと」吸えているというのは、どういうことなのか。
一般的には、大きな口を開けて、乳首を深くふくませているか、ということです。

しかし、その判断は、難しい場合があります。私がここでお伝えしたいのは、「痛いということは、何かが違う」ということです。

おっぱいをしっかりふくませれば痛くありません。

ですから、歯を食いしばっての授乳は、赤ちゃんが吸い付いているようでも「しっかりと」吸えているのとは、違うのです。


授乳時の、体勢を少し変えただけで、「痛くない！」とびっくりして嬉しくて泣いてしまうママもいるのです。痛みがなく授乳ができるように赤ちゃんの飲み方に倣《なら》うケア（ＢＳケア®）をして乳首を柔らかくしておきましょう。

「授乳って痛くないんだ」「授乳って痛いのが当たり前と思っていた」

と喜ぶママも多いです。

また、「しっかりと」飲めている基準は、「コクコク、ゴクゴク」と飲んでいる音がするかどうかです（生まれて3日位は、まだ、母乳があまり出てこないので、「コクコク、ゴクゴク」は、聞こえません）。「痛くなく」「コクコク、ゴクゴク飲む音が聞こえる」という2つの状態がある授乳を頻回に行うと、母乳の分泌量は、増えていきます。

このように、頻回に授乳を続けていくと、母乳は増えていきます。

やむを得ず授乳ができない場合は、赤ちゃんが飲むのをイメージしながら搾乳《さくにゅう》をしていきましょう。搾乳が必要なときもBSケアの搾乳なら乳首を傷めることはありません。搾乳器でグイグイ、手で力を入れてグイグイ搾乳することはやめてくださいね。

※BSケア®とは、赤ちゃんが母乳を飲むときの吸い方に倣った乳房のケアです。このケアのやさしさとリズムがママの脳に伝わりおっぱいの分泌を促します。（NPO法人BSケア®のWebサイト：https://bscare.net）。

赤ちゃんが、おっぱいを吸えないこともよくある

先ほど、私の長女もおっぱいが吸えなかったとお伝えしました。

生まれてから頑張っているのに上手く吸えない赤ちゃんは、わりとたくさんいます。

赤ちゃんには「生まれたばかり、練習が必要だよね。大丈夫だよ」「上手だよ、できるようになるよ」と直接話しながら練習していきましょう。

一般的な、授乳姿勢矯正をやっても赤ちゃんが母乳を吸えないこともあるのです。吸えないのには、様々な理由があります。

予定日より早めに産まれた赤ちゃんは、難しいことが多いです。

身体も口も小さかったりして、パワー不足だったりすることがあります。そのような場合には焦らず、母乳の分泌量をあげるように搾乳をしながら、成長を待つことが必要です。

このように生まれたときの状況でどうしても難しいことがあります。そのときは、おっぱいをあげる練習をできるだけ続けてください。たとえ口にふくめるだけでも、キスするだけでも大丈夫です。「本物のおっぱい」を教え続けてください。「これが本物のおっぱいよ～」といい続けてください。

生まれたときの週数や体重は一般的な基準内であるのに、上手く吸えないことも多々あります。

赤ちゃんの身体が硬くて、口もスムーズに開かなくてということがあるようです。

第2章の「まんまる」の抱っこを意識したり、リラックスを促し、赤ちゃんの身体の力が抜けるようにしましょう。身体が柔らかくなると口も開きやすくなります。

また、ママが、自分のおっぱいに自信がないと赤ちゃんが吸い付けないことがあります。赤ちゃんは、ママのおっぱいだけしか知りません。

ママに「自信のないおっぱい」を差し出されたら「吸っていいのかな」という気持ちになってしまいます。

「私のおっぱいは、完璧よ！」と「ドーン」と差し出してください。

赤ちゃんにとっては、ママのおっぱいは完璧ですよ。

赤ちゃんができるだけ飲みやすくするように、乳首を赤ちゃんの飲み方に倣ったケア（ＢＳケア®）で、やさしく柔らかく整えてあげてくださいね。乳首が柔らかくなるだけで赤ちゃんは、ずいぶん吸いやすくなります。授乳の姿勢や口のあけ方が問題ない場合は、乳首を吸いやすくすることで解決できるはずです。

そして、これでも上手くいかないときは、母乳育児支援を得意とする助産師を探して、一緒に練習するのが近道です。

厳しい授乳練習は、トラウマになる

生まれてから、吸い付けないことが続くと、産後の入院中から、何とか母乳を吸ってもらおうと頑張りますね。出産施設の助産師や看護師とともに毎回の授乳で特訓。

そのため、退院後に授乳練習がトラウマになっている赤ちゃんによく会います。授乳体勢をとるだけで、赤ちゃんは、反り返り、飲もうとせず、大泣きします。

こういった赤ちゃん達は、少し自信を無くしています。

「飲みたいのに、飲めないの。できない、ママ、ごめんね。上手く吸

えなくて」と「できなくてごめんね」と思っています。

そして、ママは「吸わせることができなくてごめんね」と思っています。

ママがそんな気持ちだと、赤ちゃんは、「ママをそんな気持ちにさせてごめんね。僕ができなくてごめんね」と思ってしまいます。

上手く飲めない赤ちゃんは、先ほども説明したように、案外たくさんいます。

少しでも吸い付けたら、赤ちゃんには「すごいね。ありがとうね」を連発してください。なかなか上手くいかない赤ちゃんには「あきらめず、プレッシャーを与えず」です。

授乳練習で、泣いている子には「頑張っているね、もう少し大きくなったらできるよ。一緒に頑張ろうね」「心配しないで大丈夫、ゆっくり一緒に練習しようね」と伝えてあげてください。そして少しでも吸えたら、大いにほめてください。

そして、ママが辛くなるほど頑張りすぎないでください。

ママが辛い思いをしているのは、赤ちゃんにとっても辛いはず。助産師などに手伝ってもらえるときや、ママにパワーがみなぎっているときに、たくさんトライしましょう。そうでなければ、早めに切り上げ、次の回に練習しましょう。

授乳体勢をとるだけで泣いてしまう赤ちゃんの場合は、今までしたことがない体勢や、添い乳を試してみたりします。

おなかがすいていないときや寝ぼけているときの方が上手くいく場合があります。おっぱいにキスをするところから、ゆっくりゆっくりすすめていきます。無理はしません。ミルクのあとに毎回少しずつトライして「これが本物」と伝え続けます。

また気合が入りすぎたり、授乳姿勢に力が入りすぎたりすると上手くいかないことがあります。「ほどほどにやってみるか」「できなくてもい

いか」という気持ちでいたら、「パクッ」とくわえたなんてこともありました。

上手くいかないときは切り上げて、上手くいったときは長く飲ませるというように赤ちゃんに合わせるようにすると良いでしょう。
頑張りすぎず、でも地道にコツコツあきらめず、が大切です。

ママのおっぱいを嫌がる子なんて一人もいません。

「私のおっぱい嫌がっています」「イヤイヤをするんです」
赤ちゃんに申し訳ないというママがたくさんいます。

しかし赤ちゃんが、おっぱいを嫌がることなんて絶対にありません。

生まれたての赤ちゃんは、なかなか口で捉えられません。口におっぱいが近づくと顔を横に振る。「おっぱいどこどこ？」と探しています。

ママ達が「イヤイヤしている」という動作は「好き好き」という意思表示です。

おっぱいを探すとき、左右に首を振りながら、おっぱいに向かいます。これが「イヤイヤ」にみえるのでしょう。

ママと一緒に、授乳するときの様子をじっくりみます。赤ちゃんは、授乳しようとすると、おっぱいをくわえようとしては、泣いています。

ママは、「嫌がっています」といいますが、よくみていると、赤ちゃんは泣きながら何度もおっぱいに向かうのです。そうです。嫌がっているのではなく、何度も何度も吸えるように挑戦しているのです。

赤ちゃんは、命がかかっていますから。

「できない！」と困って泣いているでしょう。決して嫌がっているのではありません。

よくみていると、口から外れてもまた向かっていっています。上手くいかなくても、向かっていく。何度も向かっていっても、上手くいかなくて、とうとう大泣き。「イヤイヤ〜」ではなく、「できないよ〜上手くいかないよ〜」と泣いています。

ですから、泣いている様子をママとじっくり一緒にみていると、ママも嫌がっていないことがわかります。

赤ちゃんにとって、ママのおっぱいは、他にはありません。

少し時間がかかることもありますが、ちゃんとおっぱいを自分仕様にしていきます。

「自分の乳首が短いのでは？」などと気にするママがいますが、ほとんどの場合心配はいりません。赤ちゃんはあなたのおっぱいだけをみて頑張ってくれます。

だから、ママが赤ちゃんにかける言葉は「ごめんね～」ではなく、「大丈夫だよ～、一緒に練習しようね。まだまだ生まれて○日だよ～」というような励ます言葉です。

赤ちゃんは、ただただ、目の前のママのおっぱいを吸うのに必死だと思います。「ごめんね」でなく、「頑張って～」といってくださいね。

おっぱいを吸いたい本能・吸わせたい本能

「そんなに頑張りすぎなくてもいいんじゃない」

「ミルクでも大丈夫だよ。休んだら」

「おっぱいにこだわりすぎだよ」
「赤ちゃん泣いちゃってかわいそう」

母乳育児を頑張りたいママのいわれたくない言葉です。
こういった言葉はママの体調を気遣っての言葉でしょう。
また、赤ちゃんかわいさからの言葉でしょう。
しかし、そんな言葉が、産後のママには、突き刺さるといいます。

「混合でもいいかな」と思っていたママでも、自分の乳房に吸い付く赤ちゃんをみて「やっぱりおっぱいを吸わせたい」と思うのです。
「母乳が出たらあげたい、混合でもいいかな」といっていたママが、生まれたら「出なくてもあげたい」「出るようにしたい」「あきらめきれない」と助産院にやってきます。

確かに、ミルクのほうが簡単かもしれません。

「何時間おきにどのくらい飲んでいるか」わかるから、安心だというママもいます。

ただ、多くのママは、できれば自分のおっぱいを飲ませたいと思っているのです。

大変なのに、楽ではないのに赤ちゃんを産んだ母親だからこその感情・本能なのでしょう。


ですから、パパを始め、ご家族にはママがやりたいようにやれるよう環境を整えることを最優先にアドバイスしています。

出産後母乳育児をしたい気持ちが芽生えるようになり、ママ自身もびっくりするようです。

「生まれたら、こんなに母乳育児をしたい気持ちが出てきてしまって、自分でもびっくりです」とよくいわれます。

母乳がどれだけ出たか、というような結果ではないのです。

納得できるまでやってほしいと思います。

授乳はほんとうは気持ちいい

「痛い授乳は、何かが違う」とお伝えしました。

母乳が出るには、「オキシトシンホルモン」が働いています。

幸せホルモン、愛情ホルモンといわれるホルモンです。

授乳していてもオキシトシンホルモンが出ます。


痛みがあるとオキシトシンホルモンの分泌が抑えられてしまいます。

ですから痛みは、積極的に除去すべきです。

帝王切開をしたママが、母乳の分泌がゆっくりなのは、こういった要因も関係しています。

普通に授乳ができていれば痛みもなくオキシトシンホルモンが分泌され、気持ちよく眠くなるものです。授乳は、本来気持ちいいもの。幸せな気分がいっぱいになるはずです。授乳が痛いのなら、辛いのなら、修正することがあるのです。

赤ちゃんが実際飲んでいるところをみると、ヒントがあります。浅く吸っている状況です。赤ちゃんとママが正面に向き合っておらず、赤ちゃんのおなかが上を向いている状態です。このようなときは、赤ちゃんがママの方を向き、二人がぴったりとくっつくようにするだけで、おっぱいを口にふくめるようになります。

上手く吸い付けない赤ちゃんでは、赤ちゃんの口の真ん前におっぱいがあることが多いです。そういうときは、赤ちゃんのお鼻とおっぱいの位置が合うように少し上向きでふくませましょう。

多くのママがほんの少し位置を変えるだけで「全然違う！」といいます。

見た目ではあまり変わらなくても、ママの痛みがなくなる。赤ちゃんに吸われている感覚がまったく違うそうです。

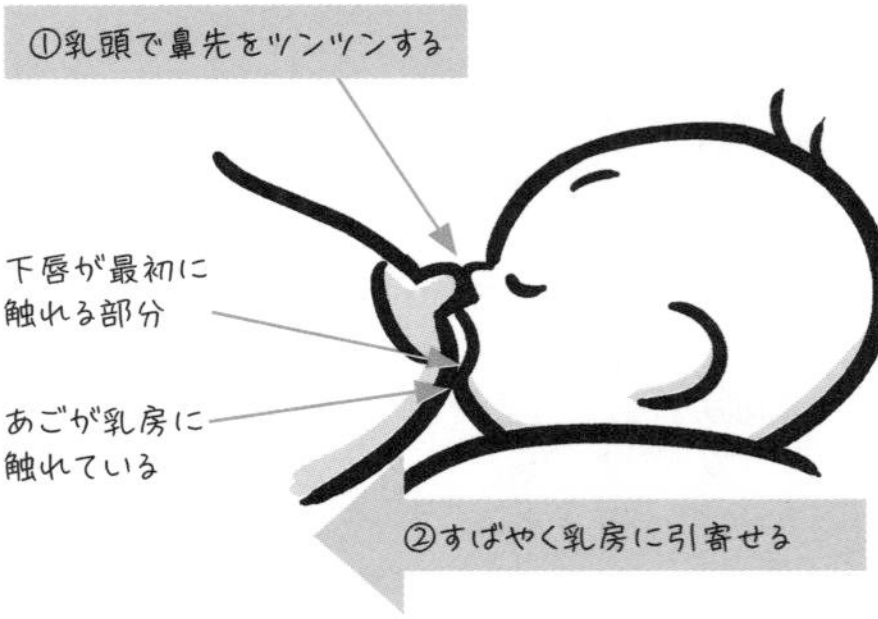
①乳頭で鼻先をツンツンする
下唇が最初に
触れる部分
あごが乳房に
触れている
②すばやく乳房に引寄せる

また、赤ちゃんの身体が緊張していて、口が開きにくかったり、ママの身体に力が入っていて、赤ちゃんがリラックスできないこともあります。

そういうときは授乳姿勢を変えたり、クッションなどでママの身体を支えたりします。ママの緊張した肩の力を抜くよう意識するだけで、背中や腕の力が抜けることもあります。

第4章

赤ちゃんはあなたの母乳育児の専門家

すべての助産師が母乳育児支援のエキスパートではない

出産施設は、赤ちゃんを無事に産むところです。

そこでの入院期間は、4～6日程と短いので、子育てまで教えることはできません。

それは子育てスタートの大部分を占める母乳育児についても然りです。

母乳育児のスタートをスムーズにするためには、入院中にどれだけ赤ちゃんと一緒にいて授乳できるかがとても大事です。

ただ、実際の母乳育児への支援状況は、出産施設により大きく異なります。

母乳育児を望むのであれば、まず、それを推進している出産施設を選ぶことが重要です。

母乳育児を推進しているかどうかは、事前に確認してみてください。そして「母乳で育てたいです」と伝えてみてください。

実はここまで考えられず「妊娠中はお産のことしか考えていなかった」と嘆くママが多いのです。

そして、母乳育児を推進している出産施設で産んでも、退院後に困っているママもいます。

入院中も「指導されることが人によって違い戸惑った」「このまま退院なんていったいどうしたらいいんだと思った」「母乳育児をしたいといっても具体的なことを教えてもらえなかった」というママも多くいます。

確かに、出産施設の方針も関係しますが、ママができることもたくさんあります。

主体的にどうしたいかを考えていきましょう。

意外に思われるかもしれませんが、すべての助産師が母乳育児支援のエキスパートではないのです。

助産師は、助産師国家試験を受けるのに分娩を最低でも10件は介助するという条件があります。

もちろん養成機関で母乳育児については学びます。

しかし実は母乳育児に関するケア方法についてはほとんど学びません。

実際に「母乳育児支援には苦手意識がある」という助産師は多いのです。

例えば、母乳育児についての理論は学んでいるものの、母乳育児が上手くいかないと困っているママを前にして、どう乳房に触れたら痛みがとれるのか、母乳が増えるのか、もしくは減らせるのか、実践的なケアは学びません。困っているママを目の前にして、具体的なアドバイスができないのです。結果、自己流にとても痛いマッサージ、ママ達がトラウマになるようなことをしてしまう助産師もいるのです。

保健師助産師看護師法において、「助産師」とは、「厚生労働大臣の免許を受けて、助産または妊婦、じょく婦若しくは新生児の保健指導を行うことを号とする女子を言う」とされています。

母乳育児支援を深めたい助産師は、国家試験取得後、様々な方法で個人的に学んでいきます。

助産師は、お産のお手伝い以外にも、性教育を伝えることを重視して学びを深める人、骨盤ケアのエキスパートとなる人など、それぞれのさらなる専門分野を深めているのです。

つまり、免許があれば、いろんな専門分野に精通できるのですが言い換えればママ達は、必要な分野で詳しい方の支援を受けていくように、助産師を探さなくてはならないのです。

その中でも特に母乳育児は、時間との勝負。

相談するのが早ければ早いほど、軌道に乗るのが早いです。

出産施設選びと、母乳育児支援を得意とする助産師をみつければ、かなりの割合で安心感のある母乳育児への道が近づきます。

退院時に、上手くいっていないと感じるのなら、退院の日に近くの助産院を受診するようにしてください。

そのためにも、妊娠中から、近くの助産院の助産師に会っていた方がいいです。

「母乳で育てたいんです！」といえば、どうしたら良いか一緒に考えてくれますよ。

左右片方ずつ5分5分、10分10分。時計授乳はやめましょう。

生まれてすぐから、おっぱいを赤ちゃんに吸ってもらうことが大切です。

目が覚めたら、おっぱいを吸わせる。吸えるだけ吸わせる。

いつでも授乳ができる母子同室なら、自然にそうなるでしょう。

痛かったら、浅く吸っているということなので、飲み方を直した方が良いでしょう。痛いのに、そのまま頑張るのではなく、大きな口で吸わせられるように練習しましょう。

左右5分5分で吸わせてと指導される場合があります。

母乳がよく出ていても、退院してからずっとその方法で授乳しているママも多いです。

これは、3時間に1回おっぱいをあげるという場合を想定しての指導でしょう。

授乳を時計をみながらで5分5分などということを続けているとおっぱいは、いつまでも安定せず、需要と供給が合わず、また断乳のときも、パンパンに張ってしまったりします。

ですから、おっぱいがよく出てきたら、時計をみずに授乳します。

飲んでくれていたら、片方を赤ちゃんの気が済むまであげてください。そして、次の授乳で逆のおっぱいを赤ちゃんの気が済むまであげます。

生まれてすぐは、授乳間隔が3時間もあくことはありません。1時間から1時間半ということも当たり前にあります。

頻回に授乳ができている場合は、1回の授乳で左右のバランスをとるのではなく、1日の授乳で左右のバランスをとればいいのです。

いろいろなママが様々な状況で、母乳外来にきます。

私は、多くのママに、時計をみての授乳法をやめてもらい、赤ちゃんの欲求に合わせる授乳をすることを提案します。

すると、余計なおっぱいの張りがなくなり楽に感じるママが多いです。

何より、途中で赤ちゃんの口を外すことがなくなるので、楽だといいます。

おっぱいの成分は、飲んでいるうちに脂肪の多いカロリー高めのこってりした味に変わっていきます。

ですから、しっかり片方のおっぱいを飲むことによっておなかも満足します。その結果、満腹感が得られるのです。

そして赤ちゃんの気持ちを考えてみましょう。

いい感じに飲んでいるときに、逆のおっぱいに変えられたり、飲み終わって余韻を味わってうとうとしているときに、「えい！」と向きを変えられたりしたら、どんな気分でしょう。心地良くないですよね。

「片側をしっかりあげる」「何回でも欲しいだけあげる」ことで赤ちゃんのおなかも心も満足することが多いです。

結果、おっぱいのトラブルも予防できます。

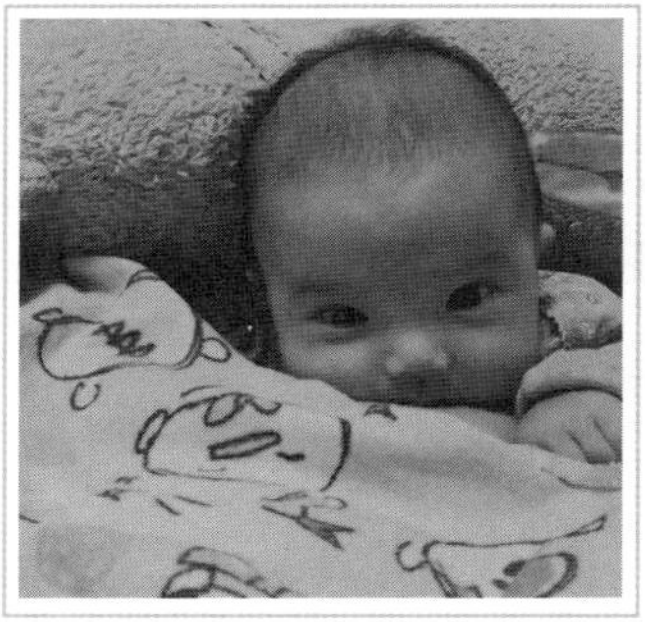

もし生まれてすぐの赤ちゃんにこの方法をやっていなかった場合でも、数か月位の赤ちゃんであれば、そのときから、「片側ずつしっかりあげる」方法に変えてみてください。

最初は、母乳が残った感じがありますが、数日で落ち着いてきます。

赤ちゃんによって、授乳の時間も間隔も全然違います。教科書通りにはいきません。

生まれてすぐの授乳間隔はどれくらいだと思いますか？　3時間おきでしょうか？　生まれたての赤ちゃんの胃袋の大きさは、ビー玉くらい。翌日でくるみ大、1週間経ってもピンポン玉くらいです。

出産直後は、おっぱいはあまり出ませんが、赤ちゃんの胃袋の大きさ、消化能力を考えるとちょうど良いのです。

授乳後30分でも1時間でも、少しずつ吸い付きます。

その欲求に応えていくとだんだんおっぱいが増えます。

負担なく飲める量も少しずつ増えていきます。

生まれて2週間位で、どれだけ母乳を出せるかということが今後のおっぱいがどれだけ増えるかに重要です。


赤ちゃんが上手く吸えなかったとしても、ミルクを飲んでいたとしても、何らかの理由で授乳できない状況でも、とにかく、母乳を出すようにチャレンジしてください。


赤ちゃんによって欲しがる量は、違います。

おなかがある程度満たされれば寝る子もいれば、24時間おっぱいを吸っていたいのだろうかと思うほど、目が覚めればおっぱい、という感じの子もいます。

実際に、ミルクをあげないで育てると、このような感じの赤ちゃんが多いです。そして、赤ちゃんの求めるまま授乳をし続けていくと自然におっぱいが増えていくのです。

一般的に何時間おきとか、1回の授乳は何分とか、赤ちゃんによってもそれぞれです。

赤ちゃんが母乳を欲しがっているかみて授乳していきましょう。目の前の赤ちゃんが正解を知っています。

上手くいかなくても応援すると張り切る赤ちゃん

赤ちゃんは、本能でママのおっぱいに吸い付こうと必死です。

上手くいかないときも、「そうそうもう少し。いい感じ。上手だよ」「大丈夫。練習すればできるようになるよ。まだ生まれて7日だよ。まだまだ、これから、大丈夫よ」「できたできた。その調子」頑張っている赤ちゃんには、応援の言葉のシャワーを、上手くいきそうであれば「そうそう、その調子」と声をかけていきましょう。

赤ちゃんは、しっかり聞いていますよ。

そして、張り切って頑張ってくれます。

上手くいかないと、赤ちゃんは、泣いたり、寝たふりをしたりします。「困った」を身体で表現してくれます。赤ちゃんの気持ちに寄り添いながら応援しましょう。

そして助産師の私の声かけよりも、有効なのは、ママの声かけです。

ママの「ごめんね」の声かけが、「大丈夫だよ。そうそう。上手だよ」という声かけに変わると、明らかに赤ちゃんの気持ちが変わります。

安心して挑戦できるようになるからです。

ママが、「ごめんね」と思う以上に、赤ちゃんは、「上手くできなくてごめんね」と思っているのですから。

ママは、赤ちゃんにとって最高のママです。

「ごめんね」ではなく、自信を持って、赤ちゃんの頑張りを応援してあげてくださいね。

少し大きくなった赤ちゃんは、乳腺炎になったときに、力を発揮してくれます。

このときは、応援というより、「ママのおっぱいををよろしくね」とお願いしましょう。「任せて」という感じで必死で飲んで治してくれますよ。

おっぱいの異変は、赤ちゃんがいち早く気が付きます。おっぱいを引っ張ったり、首を振りながら飲んだり、理由があります。

「おっぱいにしこりができた」、「急に熱が出た」乳腺炎といわれる症状で受診されるママがいます。ママ達に聞いてみると前触れがあります。赤ちゃんの飲み方が変わったというのです。

おっぱいを引っ張ったり、首を振りながら飲んだり、ときに噛んだり、「ううう…」などと文句をいいながら、飲んだりしていたというのです。

赤ちゃんは、ママ自身よりも早くにおっぱいの異変に気が付きます。「おっぱいの出口がちょっと硬くなった。おっぱいの味が変わった」ということに気が付きます。「まずい、治さなくては」と、いろんな飲み方をしながら、おっぱいの詰まりをとろうとするのです。

その話をすると、ママ達は「なるほど。そういわれればまさにそうだ」といいます。
赤ちゃんは、まるで「おっぱいのメンテナンスは、自分の役目」と使命感があるかのようです。
命綱ですから、自分のために頑張っているのでしょう。

乳房の奥に潜んでいたしこりがわかっていたかのようにその部分に引っかき傷をつくってきた子もいましたし、1歳近くの子は、指で乳首をつまんで飲んだりしていました。赤ちゃん達の工夫は、素晴らしく、かわいいです。

ですから赤ちゃんが引っ張ったり、かみついたりしているとしたらおっぱいの詰まりや何らかの異変がある可能性があります。赤ちゃんが、意味もなくママに痛い思いをさせることはありません。
今まで「引っ張らないで〜」と赤ちゃんにいっていたママが、そういった事実を知ると「頑張って治してくれているのね。ありがとう」という声かけに変わります。

赤ちゃんは、さらに張り切っておっぱいのメンテナンスをしてくれます。

歯が生えても痛くないはず

「かみつかれてからおっぱいが痛くなったんです」と来院されるママがおられます。実は反対なのです。

「おっぱいに異変があるからかみついた」のです。赤ちゃんが、異変に気が付いて治そうとしていたのです。

本来、歯が生えても、おっぱいのトラブルがないときには、まったく痛くなく授乳できます。

おっぱいのかみつき方の特徴としては片方のおっぱいだけかむということです。

通常乳腺炎やおっぱいの詰まりは、片方に起こることが多く、そちら側をかまれます。

赤ちゃんは、おっぱいの詰まりをとろうと必死に治療しているつもりです。頑張ってくれているのです。

また、両方のおっぱいをかみつくという相談がありました。急にかむようになったということでした。

みてみると、両方とも傷だらけ。痛々しいくらいでした。ケアしながらおっぱいをみていましたが、詰まりはありません。

ママと話をしていたら、理由がわかりました。

保育園に入る日が近づき、哺乳瓶の練習をし始めたとのことでしたが、赤ちゃんにとっては、納得いかなかったのでしょう。

「目の前にママがいるのに、なんで哺乳瓶なんだ！」と思ったんでしょうね。

ですから、赤ちゃんの気持ちを理解した上で、保育園の準備をしていくことをそのママには提案しました。

「今は、思いっきりおっぱい飲んでいいよ」「ママがいないときは、コップで飲もうね」

ママが、気持ちを理解し、そう話しただけで、おっぱいをかむことがなくなったとのことでした。

話すことができない赤ちゃんにとって、おっぱいを通してママに気持ちを伝えようとしていたのですね。

万が一の哺乳瓶とか、ずっと先の保育園のこととか、考えすぎなくて大丈夫

生まれてすぐの母乳育児相談で、万が一のときに哺乳瓶が使えないと心配、という不安があります。母乳育児が上手くいきそうな方でもそんな相談をしてきます。

母乳育児が上手くいけばいくほど、万が一、自分が授乳できなくなったら大変、と思うのでしょう。

赤ちゃんが大切だから先のことも心配になりますね。

また保育園に預けるときのことを心配しているママもいます。

しかし、赤ちゃんは、ママが思っているより逞《たくま》しいのです。

そして、今の1時間おき2時間おきの授乳がずっと続くわけではありません。

3時間あくようになれば、美容院でも買い物でも十分いけるでしょう。6時間預けることになっちゃったら、搾乳して準備しておく、あるいは、急なことなら、ミルクでもいいでしょう。

3～4時間位は、おなかがすいても我慢して待っているかも知れません。でも、ほんとうにおなかがすいたらミルクも飲みますよ。

哺乳瓶で飲めなければ、コップでも飲みます。

コップ飲みも、少しこぼしますが、生まれてすぐからでもできます。

母乳育児をしていたママで、入院された方がいました。

予定入院ではあったので、赤ちゃんに話をして哺乳瓶で搾乳した母乳とミルクをあげました。

赤ちゃんは、賢いです。ママがいなければ、おっぱいが飲めないことがわかります。もちろん泣いてしまうかもしれませんが、ちゃんとわかっています。

栄養失調になったり、脱水になったりしてまで、おっぱいを待つことはありません。

ですから、今上手くいっているのに万が一のことを考えて、哺乳瓶でミルクを無理やり飲ませたりするのは、もったいないです。今を楽しみましょう。

保育園に預けることも同様です。

保育園に入って哺乳瓶が飲めないと困るからと変える必要はないでしょう。

保育園でも産後6か月以降でしたら、離乳食が始まったり、コップで飲む練習も始められたりします。

張らないおっぱいがいいおっぱい

「おっぱいが張らなくなっちゃった」「でなくなったかも」「母乳が不足しているのかもしれない」という「母乳不足感」で受診するママも多くいます。

赤ちゃんが欲しいだけ授乳していくと、おっぱいの張りがなくなったと感じます。生まれたときには、パツンと張って、授乳後におっぱいが軽くなる経験をしていきます。

でも、軌道に乗ってくるとおっぱいは、飲むときだけつくられて出てくるんです。

そして赤ちゃんがすっきり飲んで、終わり。その繰り返しになります。

おっぱいが張らなくても、飲んでいる様子がみられて、飲んだあと赤ちゃんが落ち着いていれば十分母乳は出ています。

「張らないおっぱいなのに赤ちゃんは、ゴクゴク飲んでいる」これが、需要と供給があった状態です。「軌道に乗ったおっぱい」になったということです。

「搾乳してもちょっとしか出ないんです」という心配をされる方もいます。

おっぱいが、自分の赤ちゃんの口にしか反応しなくなるのです。

身体は、赤ちゃんとのおっぱいの受容と供給が整い、おっぱいが赤ちゃん仕様になった証拠です。

泣いたら授乳は正しくない？

産まれたばかりの赤ちゃんは、実に何回も母乳を飲みます。

「欲しがったらあげる」これは正しいです。

でも、「泣いたらあげる」ではないのです。

「泣いたらあげる」を繰り返した結果、飲みすぎてしまうことがあるのです。飲みすぎて泣いている子、飲みすぎていつもぐずっている子の何と多いこと。


１か月健診の頃になると多い相談が「飲んでも飲んでも泣いてるんです」「足りなくて、そのあとミルクをたくさん飲むんです」一生懸命母乳もミルクもあげているのに赤ちゃんは泣いてばかり。

ママが大変な思いをしているのが目に浮かびます。

4か月頃までの赤ちゃんは、満腹感がまだわかりません。

でも吸いたい欲求は強くて、1日中でも、目が覚めたらずっと吸っていたい子もいます。目が覚めておっぱいがないと大慌てでおっぱいを探します。これが赤ちゃんなのです。


欲求の強さは赤ちゃんによって多少違っていて、ずっと吸うことで安心感を得たい子もいます。おっぱいなら一番嬉しいけれど、哺乳瓶でもなんならパパの指でもチュパチュパチュパ吸い続けます。


生後1か月過ぎた赤ちゃんを育てているママの相談でした。

「母乳をあげたのに、まだ口をパクパクしているので、ミルクをあげると毎回飲むのです」

こうしてママが「母乳が足りない」と考え、ミルクの量が増えていったということです。

いくらあげても1日中ぐずぐずして、落ち着かないというのです。

体重を測ると1日100g程増えていました（生後1か月なら1日20～30g位の増加です）。

すぐにミルクを半分に減らしてもらったら、よく寝るようになりました。


ただ、体重が多めに増えていても、ママも赤ちゃんも困っていなければ問題ありません。体重の増え方は、個人差がありますからね。

母乳とミルクの混合栄養の子が飲みすぎるのかと思えば、母乳が多い場合も飲みすぎになる子もいます。

1回の授乳で、左右をあげている場合は、1回に片側だけに変えてもらいます。飲んでも泣いているときは、まんまる抱っこ（第2章）であやしてみましょう。


赤ちゃんの中には、授乳のあとに、度々吐く子がいます。吐いたあと、すっきりご機嫌になるので、赤ちゃんは大変そうではありません。

吐くこと自体は赤ちゃんにとって、それほど辛くないのです。

むしろ楽になるので悪くありません。

吐く回数が多いようなら飲ませる回数を減らしたり短くしたりしてもらいます。

そういった場合も片側授乳にするだけで、ちょうど良くなることが多いです。

赤ちゃんをみると、飲みすぎだと一目でわかります。

飲みすぎの子の特徴は、身体が硬く反り返り、縦抱きでないと落ち着きません。

でべそになっている子も多いです。よく、「うー」と唸っています。

そして、一番の悩みは、とにかく落ち着かない。

胃が苦しいのです。

消化も大変で、ガスがたまったり、便秘になったり。

唸ることが多くて心配で病院に行く人もいますが、「体重も増えているし、元気だね」といわれて終わることが多いです。確かに病気ではないけれど、「飲みすぎ」の話をしていたら、「数か月の心配事が解決した」というママがとても多いです。

ですから、「泣いたらあげる」のではなく「欲しがったらあげる」ようにしましょう。見極めは難しいかもしれませんが、「おなかがいっぱいでも泣く」ということだけ知っていれば、大丈夫です。

断乳します

「断乳したい」という相談もよく受けています。

母乳育児の卒業は、母乳育児の開始とともにとても大切なことです。ある家庭では、「卒乳式をしました」という方もいます。助産院では卒乳証書を準備しています。

卒乳や断乳の時期も方法もママと赤ちゃんの数だけあります。ここで

も赤ちゃんと相談、そしてママの気持ちを十分に考えることが大切です。

早い時期に断乳希望で来られるママで、「母乳育児が大変だから」という理由のママがいます。

しかし、じっくり話をすると「大変でないなら続けたい」というのです。そういった場合には少しでも授乳が楽になるように、対応策を考えます。ほとんどのママは、母乳育児を続けることを選びます。

そして卒乳や断乳をするときに皆さん必ずこのようにいいます。

「あのとき、やめなくて良かった」

私はこの言葉を聞くたびに、母乳育児の支援をして良かったと思います。そして、赤ちゃんとママの本能を感じます。やっぱり、ママは授乳したかったのだ、赤ちゃんも嬉しいのだ、と。

そして、「薬を飲むからやめてといわれた」「3日間休んでといわれた」

という相談もあります。3日間休んでといわれたものの、乳房の痛みが強く「助けて」という連絡も受けます。授乳をやめるとか、休むとか、そんなに簡単なことではないですよね。授乳中のママなら想像できるでしょう。

お薬の添付文書には、「授乳が可能」と記載されているお薬はほとんどありません。「念のため、授乳しないください」ということなのでしょう。

ですが、母乳育児に詳しい医師に確認すると「授乳しても問題ないですよ」といわれたり、授乳に影響が少ない薬に変えてくれることもあります。

授乳に影響がない薬を飲みながら授乳も継続することで治療と授乳、両方できる選択ができたらと思います。薬については、国立成育医療研究センターの「妊娠と薬情報センター」で情報を確認されると良いかと思います。参考にしてみてください。

※授乳中に安全に使用できると考えられる薬　―　国立成育医療研究センター
(http://www.ncchd.go.jp/kusuri/lactation/druglist.html)

第5章

赤ちゃんのために
パパの大切なお仕事

ママが幸せな気分で過ごせるようにするのがパパの仕事

これまでは、ママと赤ちゃんの話を中心にしてきました。

第5章では、パパの役割をお伝えしたいと思います。

「僕が抱っこしても泣き止まないんです」「パパのことみると泣くんです。パパがかわいそうで」こういった話をよく聞きます。

パパには、残念なお伝えになります。生まれたばかりの赤ちゃんは「ママ命」です。ママのことしかみていないというくらいだと思います。

とはいっても、パパには出る幕がないということでなく、パパにはパパの大きな役割があります。

ママは、お腹の中で9か月、まさに命を削って赤ちゃんを育み、今、自分の身体の一部であるかのように赤ちゃんを育てています。

今は、ママと赤ちゃんの絆をしっかりとつくる時期です。


赤ちゃんは成長してくると、「パパが大好き」になる時期が来ます。

それまで、少し我慢をしていてくださいね。

赤ちゃんがママ命の時期のパパの役割があります。

このときの役割を知っておくことで、「パパ大好き」の時期にスムーズに移行できます。


赤ちゃんのためにパパができることは、ママが幸せな気分で過ごせるようにすることです。

目の前のママは幸せそうですか。

ママの笑顔をたくさん引き出してくださいね。

ママが笑顔になることは何でしょう。

ママが求めることを聞いてみましょう。

家事をやってほしいかもしれません。
パパと赤ちゃんとお出かけしたいかもしれません。
とにかく、寝たいかも。
美容室に行きたいのかも。
積極的にママに聞いてみてくださいね。

そして、ママは、きちんと話さないとパパにはわかりませんので、しっかり伝えてくださいね。

親ばか万歳！ ママとたくさんの幸せを分かち合って

赤ちゃんのことをこんなに大切で、こんなに愛していて、赤ちゃんの幸せを本気で願っているのは、ママとそしてパパですね。

子育ての中では、ママとパパの考え方の違いや生活の違いでいろんなことがありますが、赤ちゃんのことを本気でかわいいといえるのは、二人だけです。

思いきり親ばかできるのも二人だけです。

親ばか万歳！

私達夫婦もいろいろ喧嘩もしますが、親ばかだけは、一緒です。

「親ばか話」をしているときは、気が合います。

成人した子供のことまで、いまだに「かわいいよね。私達よりすごいよね。動じなくてすごいよね。繊細に感じることができてすごいよね。余計なことを考えなくてすごいよね」と何でも「すごい」と話します。

もちろん二人とも一般的に優秀でも何でもないこともわかっていますが、「私達夫婦のところに来てくれただけで、すごいよね」というように考えているのです。

赤ちゃんは、ママとパパのことを選び、この世に産まれて来てくれました。

そして、こんなに懸命に生きています。

赤ちゃんがいるおかげで、ほんとうに小さなことでも喜んだり、笑い合えたりすること、そんな幸せを分かち合ってほしいです。

真剣に育児をしているからこそ、「かわいい」「すごい」より、「心配」

「不安」が勝ってしまいそうなママもたくさんいます。

パパは、率先して赤ちゃんの「かわいさ」「すごさ」を示してあげてほしいなと思います。

日々、赤ちゃんがいることで、いろいろ試されているかのような気がすることがありますね。悩みは尽きません。成長させられていますよね。ママもパパも一緒です。親として成長させてくれている赤ちゃんに感謝。その気持ちをママとパパで分かち合いましょう。

「大変だったね。１日ありがとう」これだけでママは元気になる

ママは、１日中命がけで、赤ちゃんを育てています。

マニュアルもなく、思ったようにならないことだらけの１日です。

そして、それをその場で分かち合ったりすることもできない１日です。

ですから、おしゃべり相手がいるママは、比較的元気になります。

女性にとって、誰とも話をしないない生活というのは、パパが想像する以上にストレスです。

赤ちゃんは、かわいいし、いろいろコミュニケーションもとれるようになったけれど、やはり、気の合う人と話がしたいのです。

私も子育てスタート時は、夜に帰ってくるパパしか話相手がいませんでした。

引っ越したばかりで仕事もしていませんでしたし、実家も近くではなかったので、話す人がいませんでした。

ですからパパが帰ってくるのを、「いまかいまか」と待っていたのを覚えています。

そして、パパが帰ってくると、一人でしゃべり続けていたような気がします。

今思えば、パパがどんなに仕事が大変だったかなんて気にもしていなかったような気もします。

家事や育児を一緒にやるのももちろん大切です。

でもまずは、ママの1日の生活を労いましょう。

「大変だったね。ありがとう」この言葉を聞けるだけでママは、理解してくれていると感じます。

ママは、今日1日の生活について話すでしょう。

ママが大変だったこととして話すことも、すべてママと赤ちゃんが成長している証かもしれません。

子供の成長は、ほんとうに面白い。

その場にいられないパパは、残念なくらいです。ですからママがそのことを話してくれたのなら、一生懸命聞くと面白いはずです。赤ちゃんの日中の様子をあれこれ想像しながら聞いてみてくださいね。

そして、「こうした方が良かったのでは？」というような言葉は、禁句です。
ママの話をただただ聞いてあげてください。
そして、ママが過ごした1日には感謝の気持ちと言葉を忘れずに。
「大変だったね。ありがとう」

赤ちゃんにミルクをあげるのはパパの仕事ではない

「パパがミルクをあげたがるので、1回だけやってもらっています」

というような理由でパパがミルクをあげていると聞くことがあります。

しかし、パパの役割は、ミルクをあげること以外にもたくさんあります。

実際、母乳をあげる以外のことはすべてパパでもできますよね。

子育てをする中で、わざわざミルクをあげる必要がない赤ちゃんにはできればあげないでほしいです。

ミルクは、必要な赤ちゃんには必要なものですが、必要でない赤ちゃんにミルクをあげることで、かえっていろいろな問題を引き起こす厄介なものでもあるのです。

なぜならおっぱいがよく出ているママにミルクを1回でも足すと、母乳が出る量と赤ちゃんの飲む量のバランスが整わず、おっぱいが張りすぎたり、ときには、乳腺炎になったり、母乳が減ってしまったりと様々なことがあります。

赤ちゃんが、混乱しておっぱいを飲まなくなったり、かみついてしまったりすることもあります。

ですから、ミルクをあげる以外のことで、パパには活躍していただけたらと思います。

赤ちゃんは大好きなママにやさしいパパのことが大好き

赤ちゃんは、ママが大好きですね。

大好きという言葉では表現できないくらい、ママのことしかみえていないとも思うほど、ママをずっとみています。

ママの感情も全部伝わり、一心同体だと思っているようです。

ママ命の赤ちゃんは、ママにやさしくしているパパが大好きです。

パパが、頑張れば頑張るほど赤ちゃんは、パパを信頼してくれます。

赤ちゃんをかわいがるのはもちろんです。

でも、ママにやさしいパパ。

ママと楽しそうにおしゃべりしているパパ。

パパと接しているママが幸せそうだと、赤ちゃんは、さらにパパのことを信頼します。

赤ちゃんを守るのは、ママ。そのママをまるごと守るのは、パパです。ママにやさしくするのが赤ちゃんと仲良くなる一番のコツです。

ママは目の前の命を守ろうという本能が半端ない、パパへの攻撃も半端ない

「パパにイライラして仕方がないのです」産後のパパへの攻撃性。「気が利かない」「やり方が気に食わない」「いっていることがずれている」など結構手厳しいです。

一生懸命パパがやっていることにも鋭く批判をしてしまいます。

いいたいことをいった挙句に「パパは悪いことしていないのに、私っ

てば」とシクシク。ホルモンの急激な変化によって起こっていることです。

「あんなにやさしかったママとは人が変わったようだ」とパパは、ママに嫌悪感を抱くことも。

パパとママにとっては、とても大変な時期です。

そういうときは、ママがいっているのでない、ホルモンがいわせているのだと思ってください。


ママのイライラは、鋭くパパに向かいます。

ママは、赤ちゃんを守ろうとする本能が半端ないのです。

赤ちゃんに近づくすべてに牙《きば》をむくような行動、考え方をすることがあります。

「私の赤ちゃんを誰にも触らせたくない」こんな気持ちになることさえあります。

この気持ちが上のお子さんに向く場合もあります。

助産院への相談で「上の子にイライラして仕方がない」「上の子がかわいいと思えない」という相談も少なくないのです。

これらの感情は、妊娠中から出てくるかもしれないものです。

赤ちゃんを上の子に触られるのが嫌な気持ちになったり、いうことを聞かない上の子に必要以上にイライラしたりするなど。パパにも誰にもいえずに悩んでいたと。

さらには、自分が「母親失格」と思うと相談されてきた方がいました。

私は、よくある相談なので「妊娠したり、産んだばかりだと小さな命を守ろうとしたりと、動物的な本能が働くのよ」とお伝えしています。

「この気持ちは、小さな命を守ろうとする本能なのだ」と知るとママはとても安心します。赤ちゃんの成長に伴い、また上の子への愛情も戻ってきます。

小さな妹や弟にお姉ちゃんやお兄ちゃんとしてふるまっている上の子をみて、さらにいとおしく感じてきます。

妊娠中、産後は、本能が働く時期。本能を感じ、本能に沿った生活、育児をしていきましょう。

パパへの攻撃性も、上の子への複雑な気持ちも本能がさせることだと、ママもパパも理解して子育てをしましょうね。

ママの心配をそのまま受け止めて。解決しなくてもいい

ママは、赤ちゃんを守ろうと、この命をしっかり育てようと、必死です。ママ自身がびっくりするほど心配性になることがほとんどです。

もともと心配性でなかったママも心配性になります。心配性のママは、

さらに心配性に。

赤ちゃんが泣いていると、ママは、自分まで悲しいような辛いような感覚があり、苦しくなってしまいます。

自分のことなら大丈夫だけど、赤ちゃんが辛い状況になるのは、耐えられない。辛いこと、苦しいことは、全部かわってあげたい。

ママ達は、毎日本気でそう思っています。

さらに現代の育児では、心配になる要素がたくさんあります。

まず、ネットの情報です。

そこには、様々な意見・考え方があります。

SNSでは、キラキラ楽しそうに子育てしている理想的と思われるママ達の様子がみられます。

また、気になることを検索すると、病気などの不安が増幅していきます。検索しているうちに「うちの子は、病気に違いない」とさえ思ってしまいます。

そして、新型コロナウイルスが蔓延した影響で、他の赤ちゃんに会う機会や、友人や知人に相談する機会もない現状では、ますます不安が高まります。

そんな中、いの一番に相談するべきは、パパでしょう。

ママは、「こんなことが心配、あんなことが心配」というでしょう。

ですから、パパはまずは、聞いてあげてください。

「心配事」は、おそらく止まりません。

でも、ママが心配していることを受け止めてください。

もちろん解決できなくても良いのです。

赤ちゃんが成長していく中でだんだんと減ってくることでもあります。

ただただ「ママは、よくやっている」といい続けてください。

一番そばにいるパパが認めてあげることで、ママは、自分の育児に少しずつ自信と安心感を持っていけると思います。

赤ちゃんは、ママとパパが試行錯誤で大満足

小さな赤ちゃんを目の前にママとパパであたふた。

赤ちゃんが泣けば、おむつかな、抱っこかな、暑いのかな、おなかがすいているのかな。二人とも振り回されてしまいますね。

「こんな風にしたら、泣き止んだ、明日も同じことをやってみよう」「大泣きだとおっぱいを飲まない」「パパがあやして、落ち着いたときに、ママに抱っこを変わる」「ビニール袋の音を聞かせてみよう」「赤ちゃんが泣き止む音楽を検索」

上手くいったりいかなかったり、毎日が試行錯誤の連続です。

「マニュアルが欲しいです。この泣き方は、空腹なのか、眠いのかとかどうしたらわかりますか」こんな風にも聞かれます。

そうですよね、マニュアルはありません。

あえていうとすれば、「目の前の赤ちゃんに聞くしかない」ということです。

でも言葉ではっきり答えてくれるわけではありませんから、あとは、やってみるしかありません。

それで良いのです。

自分のことをとても大切にしてくれている二人が、あたふたして「あでもない、こうでもない」といって、いろいろやってくれています。


赤ちゃんは、それだけで大喜びですよ。

「もっと的確に答えてくれ！」なんて思っていないでしょう。

ですから、安心していろいろ悩んでいろいろ試してみてくださいね。

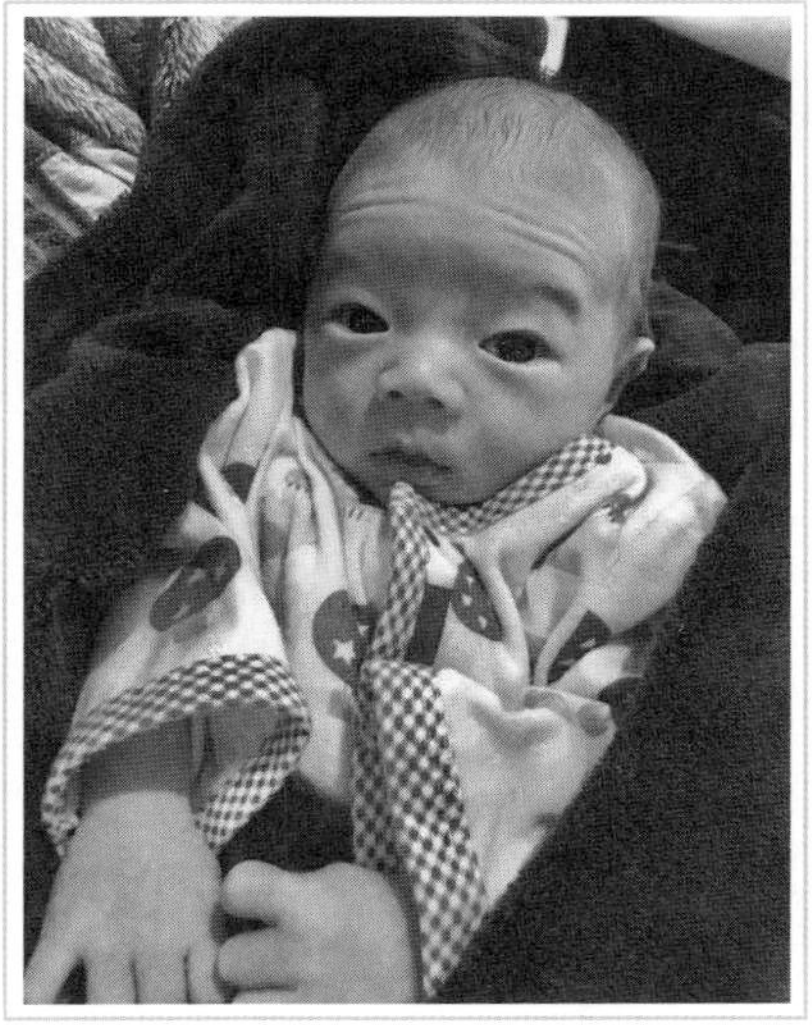

パパの産後うつもあります

産後のホルモンの急激な変化にくわえて、慣れない育児、寝不足などが重なってママが産後うつになるケースが増えているというニュースが取り上げられています。

子育ては、本来はパパとママ二人だけでできるものではないのです。

ママの産後うつがあるように、パパの産後うつもあります。

赤ちゃんを守るための動物的本能でママの攻撃性が、パパに向かうことが多いです。ときにはかなりの暴言を吐いてしまうことも。

そしてママは、かなり視野が狭い状況で、赤ちゃんを守ることだけに没頭しています。パパの仕事の状況や、気持ちに考えが及ばないことも多いのです。

遊びに行っているわけではなく仕事に行っているのに「早く帰ってこない」なんてママに怒られることもありますよね。

理不尽なこともたくさんあるかもしれません。

ママへの支援は、いまだ不十分に感じますが、それ以上にパパの支援をする場や相談できる場所が圧倒的に少ないのです。

またパパは、日常の相談を他の人に相談する機会も習慣もあまりないですよね。


ママは、ママとして育っていきますが、パパは、もう少しゆっくりパパとして成長します。それが当たり前です。

赤ちゃんが生まれたからといって、いきなり、仕事も家事や育児も両立できるスーパーマンにはなれません。

仕事も育児もママを支えることも頑張ろうとするパパこそ、精神的に限界まで達してしまうかもしれません。

だから、頑張りすぎないでくださいね。


ママとの関係が上手くいくことで、ストレスが減るはずです。

大変な時期だからこそ、ママとおしゃべりをする時間を大事にしてくださいね。

第6章

赤ちゃんの気持ちに合わせた離乳食

初めての体験の離乳食をわくわく楽しみに

母乳育児が軌道に乗り、赤ちゃんのお世話も慣れてくると今度は、離乳食の心配をし始めるママが多くいます。

このとき「また次に大変なことが始まる！」なんて考えてほしくありません。

赤ちゃんにとって、これからの新しい体験を「大変」と考えられているのは、少し残念ですから。

離乳食は、わくわく楽しみに迎えられるようにしましょう。

離乳食の始まり。赤ちゃんの人生にとっては、すごい初体験です。

今まで、おっぱいやミルクなどの乳製品しかとっていなかった。

そして、乳首や哺乳瓶を吸う口の動きしかしていなかったのです。

それが、初めていろいろな食材に出会い、触ってみて、味わいます。固形のものを歯茎で噛む体験です。口の動かし方も上下の動きから横に動かす動きと練習しながらいろいろできることをわかっていきます。

こんな初体験をわくわく楽しみに迎えてほしいです。「初めての食材に出会って、この子はどんな反応をするのだろう」そんな風に考えていきましょう。

初めて出会う目の前のものをみて、こんな色、こんな形、こんな手触り、こんな匂い、口に入れば、こんな味。赤ちゃんにとってわくわくでしかないはずです。

口に入るまでいかなくても手触りを感じただけでも赤ちゃんの成長・発達ということにおいては意味があります。少しなめてみただけで口に入らなくてもいいのです。

まずは、この世には、おっぱい、ミルク以外にもこんなにいろいろな食べ物があるということを教えてあげましょう。

食べ物や食べることを通していろいろな世界を知り、体験させる。これが「わくわく離乳食」の始まりです。

離乳食の準備は、「わくわく心」をつくること

離乳食の準備について説明いたします。

特別な離乳食の調理用品や離乳食セットを購入することではないですよ。

赤ちゃん専用のお茶碗や食器。スプーンとフォークがあれば十分でしょう。

私が考える離乳食の準備とは、初めての食事、初めての一口を迎える準備であり、心の準備です。

ママもパパも赤ちゃんも初めての一口を思いっきり「わくわく心」にする準備です。

まず、赤ちゃんの機嫌が良いときに、赤ちゃんを抱っこして一緒に食卓を囲みましょう。

そして、楽しそうにおいしそうに食事をしましょう。

大好きなママとパパが楽しそうにおいしそうに食べている姿をみる。これが、とても大切です。これが、「わくわく離乳食」の準備です。

まねっこ大好きの赤ちゃんは、みんなの姿をみて、一緒に食べたいと思います。

上のお子さんがいる場合は、「早く食べなさい！」などといい過ぎていないか確認してください。上の子が楽しく食べていれば、赤ちゃんも

「自分も！」という気持ちが高まるからです。

みんながおいしそうに食べていたら「口に入れているものは、何だろう！」と興味津々です。よだれもだらだら。

そのうち手を伸ばそうとしたり、身を乗り出したりします。

でもそこですぐにはあげないでください。ちょっとじらしてみましょう。いよいよ、身体も前のめりになり出し、手も出し始めるでしょう。じらせばじらすほど「わくわく心」は、盛り上がります。

そして、初めての一口‼

上手く口に入るでしょうか。おいしそうに食べるでしょうか。舌触りや味にびっくりして、「ベー」と出すかもしれませんね。すべての反応を面白がってみてくださいね。

最初の一口を迎える前に赤ちゃんと一緒に「わくわく心」を準備していきましょう。

これは何だろう？（わくわく）

おいし〜い！

「食べること」は「生きること」

離乳食は、なぜ始めるのでしょう。6か月を過ぎて、母乳やミルクだけでは、栄養が足りなくなるから。それは確かです。

現在では、栄養の面ばかりが強調されて、食べさせようと必死になり、食べないことが悩みになってしまうママもいます。

「自分の料理が下手なのではないか」「つくった量が食べられず栄養不足にならないか」「ご飯は食べないので、市販の赤ちゃん用のお菓子をあげようか」などママの悩みは尽きません。

私は、楽しく食べることがとても大切なことと考えています。

楽しければ赤ちゃんも食べたくなります。

「栄養」を考えすぎるより「楽しく」を考えることで結果的に必要な量を食べることにつながるのです。

「食べること」が「楽しい」というのは、「生きる」ことにつながります。「食べることを楽しい」と思えるのは、「生きる」ために大切ですよね。

辛いことがあったとき、元気が出ないとき「おいしいもの食べて元気になった！」こんな経験たくさんありますよね。

「おいしいものを食べて幸せな気分」を感じることができる大人に育つことは最高の喜びになるでしょう。

私が主催した離乳食講座に参加されたパパのお話です。

彼は結婚するまで「食べること」が楽しくなかったそうです。

よく聞いてみると、パパは、子供の頃食が細く食べるのにも時間がかかったとか。

給食では、みんなが掃除を始める中、最後まで食べていたそうです（私が子供の頃も給食は全部食べるという指導があったなと思い出しました)。
そして家でも、「もっと食べなさい」といわれていたと。
食べることが義務になっていたような感じだったのでしょう。

でもこのパパは、結婚してから食べることが楽しくなったようで、私が出会ったときには、ふくよかなパパになっていました。
食べるのが好きなママと楽しい子供達の食卓、そして大人になり、強制されることがなくなり、次第に変わっていったということです。

このように「食べること」が「楽しい」のは大切ですね。そして「食べること」のスタートが離乳食です。ですからママもパパも楽しい食事を意識してくださいね。

離乳食の目的は、食事の楽しさを知る、よく噛むことを知る、ですがこれらは、一生ものです。
こういったことを学ぶためにも楽しく食べることって大切ですよね。
「食べること」は、「生きること」につながります。
目先のことではなく、一生を考えて離乳食を始めるべきだと思います。

食べたいものは、自分で決めたい赤ちゃん

無理に食べさせようとしていませんか？
食べさせようとするより、赤ちゃんは、「今食べたい」のか、そして「食べたいものは何か」を考えましょう。

「うちの子全然食べない」と思ったとき、何が基準になっていますか？
生後○か月の目安量ですか？　ママが食べさせたい量ですか？
しかし、食べるものも食べる量も赤ちゃんが自分自身で決めたいはず

です。

赤ちゃんは何を食べたいのでしょうか？　そして、どのくらい食べたいのでしょうか？　そもそも今食べたい気分なのでしょうか？


私達大人は、食べたいものを食べていますよね。そして気分や体調で食べるものや食べる量も変わります。

暑い日は、さっぱりしたものが食べたくなったり、気に入ったものは、続けて食べたくなったり、たくさん食べたあとは、少し軽めの食事にしたくなったり、楽しい気分でたくさん食べ過ぎちゃったり、体調や気分がすぐれないときは、食べる量が減ったり。

また、何か夢中になっていたら、食べる間も惜しんでそちらに気持ちも時間も注ぎます。


赤ちゃんも同じです。赤ちゃんの方が本能に従っています。

大人のように、時間が来たからご飯を食べるというような考えをしないでしょう。

食べたい気分なら、あるいは、身体が必要とすれば食べるということです。


「離乳食を全然食べません」ととっても悩んでいるママがいました。

その方の赤ちゃんが7か月位から1歳すぎまで何度かお会いすることがありました。


その赤ちゃんは、母乳をたっぷり飲んでいて、体重の増加もとってもよく、心配していた貧血もまったくありません。

とっても元気で笑顔もかわいい赤ちゃんでした。目もキラキラ輝いていました。

きっと栄養は十分だったのでしょう。

ママが期待する量は食べなくても赤ちゃんが必要な量はとっていたのです。

しかしママは、心配でたまりません。ママは、赤ちゃんの口にスプーンで入れようとします。その様子をみて、一口でも口に入れたいという必死さが伝わってきました。

ただ、その赤ちゃんはみるからに元気です。

ママのこともしっかりみつめていました。興味があることには、ハイハイで突進していきます。

ですから私は「赤ちゃんの食べたい気分を盛り上げれば、そして離乳食を食べたい時期になったら、もりもり食べるでしょう。そのときにご飯を面白く食べられるようにしましょう。まずは『食べなくても良い』と肩の荷を下ろしましょうね」とお伝えしました。

そのあと聞いた話では、赤ちゃんが歩き始めたときくらいからしっかり食べることができるようになったそうです。

「ずりばい」や「ハイハイ」で動き回る赤ちゃんも離乳食がすすまないことがよくあります。

食事中でも「じっと座っている場合じゃない」という気持ちなのか、動き回ることに夢中です。

遊びと食事の区別はまだついていないのでしょう。自然と楽しい方に気持ちは行きます。

そういうときは、赤ちゃんがご機嫌のときに離乳食を準備して短時間で切り上げても良いでしょう。食べることに興味が出てきたら急に食べるようになったりします。

同じものばかり食べる「ばっかり食べ」もよくあります。

赤ちゃんの中で「カボチャブーム」がきてカボチャばかり食べていたけれど、あるとき、ブームが去って違うものも食べ始めたということもよくある話です。

1食や1日でバランスをとるというよりは赤ちゃんなりに数日かけてバランスが良くなるようにしているということもあります。

日によって、食べたり食べなかったりすることもよくあります。「むら食い」ですね。これもほんとうに必要なものは、赤ちゃんがわかりますから、赤ちゃんの気分に合わせてすすめていけば良いでしょう。

当然、ご機嫌なときに食がすすみます。

おっぱいやミルクを飲んだあとの方が落ち着いてよく食べられることもあります。試してみてくださいね。

椅子の上で反り返ったりしているときは、食べるタイミングではありません。

食べたい気分ではないのに食べさせようと頑張っていいことはありません。そのときにあまり食べられなければ、切り上げて次のご飯のときにあげれば良いでしょう。

離乳食は、わざわざつくらない！

離乳食の本やInstagramなどで、きれいにつくった離乳食が載っています。

そういったことが得意なママ、楽しみにできるママなら良いでしょう。料理が苦手と思っているママでしたら、そういった投稿そのものをみなくて良いと思います。

私は、「つくらない離乳食」をおすすめしています。

丹精込めてつくらなければ、赤ちゃんが期待する量を食べなくても、落ち込むことがないからです。

私が「つくらない」というのは、ベビーフードを使うということではありません。ベビーフードは、お出かけのときとか、食事をつくる時間がないときなどに、利用したら良いでしょう。

時短のためということで、子供が寝てから離乳食をまとめてつくり、冷凍するというママも多くいます。

でも毎回家族のものと一緒につくれたらさらに時間はかかりませんね。実は、赤ちゃんは、大人が思う以上にグルメです。

これは凝ったものが好きというよりは、素材の味、添加物が入っていない本物の味、作り立ての味がおいしいと感じるということです。大人が食べておいしくないものは、赤ちゃんはもっと敏感に感じます。

まとめてつくって冷凍して電子レンジでチンしたものより、例えば今つくったお味噌汁から取り出した野菜の方がおいしいのです。

そして、まねっこ大好きな赤ちゃん達は、自分だけの特別なメニューよりもママと同じものが食べたいのです。

ですから、ママが口にしているものと同じだよと思わせてあげてください。

スプーンを用意してもママの箸《はし》をとりたがったりしますよ。

こんな赤ちゃんの気持ちや仕草が、またかわいいですね。


そのためには、大人の食事から取り分けできるよう工夫しましょう。

大人の食事があまりにも脂ぎっとりだったり、濃い味だったりする場合には、食事を見直す機会になると良いですね。


私はお味噌汁の具に赤ちゃんが食べられそうな具を入れて家族のためにつくる「家族お味噌汁」をすすめています。

大人用にお味噌汁をつくるのにあわせて、赤ちゃんが食べられる具(例えば人参・大根・ジャガイモ・カボチャなど)を予め柔らかく煮て味噌を入れる前に取り出します。

これらの具を柔らかく煮ることで、歯茎で潰せるようになります。

そして赤ちゃんのトレーに入れると完成です！

潰すときにはフォークの裏で潰しましょう。

そして、均等に潰さなくて良いです。形があるものだったり、粒が残っていたり、手で持てるものだったり、いろいろな形のものをあげることで、食物にはたくさんの形があるのだということを経験させてください。

家族と同じものを食べて、喜ぶ赤ちゃん

たまに上手く飲み込めなくて「おえっ」となってしまうかもしれません。必ず、そばでみてあげてくださいね。

でも赤ちゃんは、そんなことを繰り返しながら、食べるものの舌触り、味、一口で食べる量などを学んでいきます。

ですから、赤ちゃんの体験と、成長をそばで見守りながら付き合っていきましょう。

そして最初のタンパク質は、豆腐をゆでることから始めてみましょう。これも味噌汁と一緒につくれますよね。

このように赤ちゃんのための料理ではなく「家族のための料理」をつくっているので、たとえ赤ちゃんが食べなくても残念な気持ちにはなりません。

そして、注意してほしいことがあります。

赤ちゃんの栄養のためにお粥にいろいろな食物を混ぜるのは、おすすめしていません。お粥に何でもかんでも混ぜてしまうと素材を知る機会が減ります。

素材は素材のままで赤ちゃんに食べさせてください。素材の色、形、匂い、舌触り、手で触った感触、味を感じられるようにしてあげたら良いでしょう。

「これは人参だよ、きれいな色だね」「ママは、小さい頃苦手だったんだよね」「栄養あるんだよ」こんなことを話しながら目の前においてあげてください。

離乳食のスタートは、味覚を育てる時期でもあります。

食べないからと市販のものや化学調味料を覚えてしまうと素材の甘味、うまみやおいしさを感じにくい子に育ってしまうので心配です。

離乳食は、赤ちゃんだけのためではなく、家族の料理と一緒につくる。

先ほど紹介したように、味噌汁から具を取り分けましょう。

素材を感じられるように、切る、ゆでる、煮るだけです。

「楽しい食事」でよく食べる

「私があげると食べないのに、パパとだと食べるんですよ」

離乳食相談でよく聞く話です。

ママだと少し必死さが伝わるのかしら。

パパだと、遊び感覚で、面白がっているかもしれません。

必死になるのも無理はありません。赤ちゃんをしっかり育てたいから、大切だから、どうしても必死になりますよね。

「食べることは楽しいよ」という雰囲気の方が、食がすすみます。

また、楽しい雰囲気で食べたり外で食べたりするとよく食べることもあります。大変だなと思って毎日のご飯の時間を過ごすよりは面白がって過ごした方が何よりママは楽ですよね。

赤ちゃんは、楽しく食べると、結構散らかします。
「手づかみ食べ」もどんどんさせてくださいね。
そのため、手にも食べ物がたっぷりつきます。
でもこれも赤ちゃんにとっては、とても大切なことです。

自分で欲しいものを自分でつかむ。
最初は、手で握っていたものが、指先でつかむことができるようになる。
右手から左手に持ち替えることができるようになる。口に上手く入れられなかったものが口との距離感がわかって、入れられるようになる。

このように、手づかみ食べは、手先を使うため脳への刺激になりますし、自分で食べたいものを選ぶ、自分で選択する、という意欲を育むという意味でも良いことばかりです。

そして、いちいち手を拭いたりしないで見守ってあげてくださいね。

どれだけ食べたかに注目せず、赤ちゃんができていることや赤ちゃんが楽しんでいるかどうかに注目してあげてください。


赤ちゃんが食べなくなってきたら、早めに切り上げて良いですよ。

かたづけてから欲しがってもあげなくて大丈夫です。

また次のご飯の時間にしっかりとあげてください。


なぜならご飯の時間が長くなるとママが、大変になるからです。

そして、赤ちゃんも「いつでももらえる」と思ってしまうので、家族のご飯の時間にあわせる形で大丈夫です。

「ごちそうさまするけど良いかな」「あと一口食べようか」そのような感じで離乳食の時間を切り上げてください。


重ねていいますが、「自分で欲しいものを自分でつかみ取る」これはとても大事です。

ママにスプーンで口に入れてもらうように何でも手伝ってもらえるからとそれを待っている子が良いですか？

そうではなく、ご飯をぐちゃぐちゃにして、手をべたべたにしても、自分で好きなもの、欲しいもの、やりたいことに積極的に向かっていくような子が良いですよね。


「食べることを楽しい」と思える子になれば、その子のタイミングで必ず意欲的に食べるときが来ます。


まさに「食べること」は「生きること」。

たくましく「欲しいもの」を手に入れようとする。

「願い」を積極的にかなえようとする将来の我が子をイメージしましょう。目の前のお子さんと話しながら、焦らず、「わくわくする心」で離乳食を準備していきましょう。

終章　ママから聞かれる30の質問に答えました

質問①　赤ちゃんの頭が丸くなるのによい枕はドーナツ枕？（1か月）

頭が丸くなるためには、ドーナツ枕より、首枕がいいですよ。小さなタオルをくるくるっと丸めて首の隙間を埋めてあげると良いでしょう。機嫌がいいときに腹ばい遊びも少しずつ始めてみましょう。

質問②　授乳後にげっぷが出ません、大丈夫でしょうか？（1か月）

母乳が上手に飲めるようになると空気を吸いにくいので、げっぷが出ないことが多いです。飲んだあと、気持ちよさそうに寝ているのなら、わざわざ起こさなくていいですよ。授乳後は、横向きに寝かせてあげれば安心です。

ミルクの場合は、げっぷが出ますが、やさしく背中をなでなですると、出ます。背中をどんどんとたたかないであげてくださいね。

質問③　しゃっくりは大丈夫でしょうか？（1か月）

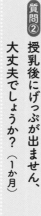

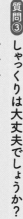

生まれたばかりの子は、よくしゃっくりしています。おなかの中でもしゃっくりしていました。赤ちゃんは、なんとも思っていません。ですから、白湯を飲ませたりする必要もありません。

質問④ おっぱいが張らなくなりました（1か月）

産後1か月以降くらいから母乳だけで育てているママからよくある質問です。体重増加が良ければ、母乳育児が軌道に乗ってきた証拠です。赤ちゃんが飲みたい量とママのおっぱいの量があってきた証拠です。

質問⑤ 赤ちゃんのおもちゃは何がいいですか？（2か月）

赤ちゃんの初めてのおもちゃは、自分のおてとママの百面相です。自分のおてを発見したら、なめたり眺めたりして楽しんでいます。お母さんのいろんな顔もまねっこしながら楽しみます。

質問⑥ お風呂あがりの白湯は必要ですか？（3か月）

離乳食が始まるまでの赤ちゃんには、母乳とミルク以外は何もあげる必要はありません。母乳もミルクも水分がたっぷり入っています。

昔のミルクは、牛乳のように濃かったので薄める必要があったため、白湯をあげるのが習慣だったようです。

質問⑦ コロナで人に慣れる機会がありません。大丈夫ですか（4か月）

赤ちゃんが、人に会う機会が減ってしまい、成長などに影響があるのか心配ですよね。0歳の赤ちゃんにとって、身近な人とのつながりが何よりも大事です。ママとママが信頼する家族がいれば十分です。ママとの絆があれば、その子のペースで外の世界に慣れていくでしょう。

質問⑧ 赤ちゃんが夜中に何回か起きるけれども大丈夫ですか？（5か月）

赤ちゃんが、夜中に何度も起きて睡眠不足になるのかと心配なのですね。2か月くらいで夜寝る時間がやっと増えてきたと思ったら、また起きる回数が増えたなあと心配になる頃です。脳と身体の発達がどんどんすすんでいます。寝返りができるようになったり、離乳食が始まったり、赤ちゃんにとっては毎日が刺激的です。いろいろな理由で起きますが、赤ちゃんの寝不足は気にしなくていいでしょう。きっと朝寝坊したり、昼寝を長くしたり、赤ちゃん自身で調整します。

質問⑨ よく寝ているときもおしっこをしているとおむつをかえていますが、途中で起こしてしまうのはやめた方がいいですか？（5か月）

常にきれいなおむつにしてあげたいですね。でもぐっすり寝ているのに起こしてしまっては赤ちゃんにとってもママとパパにとってもいいことばかりではありませんね。おむつかぶれがとってもひどいということでなければ、そのまま寝かせてあげても良いでしょう。

質問⑩ 機嫌が悪い日はずっと泣いているけれども大丈夫ですか？（7か月）

ずっと泣いているように感じているのですね。おそらく、ぐずぐずしている時間が長いということでしょう。飲むときは飲むし、笑ったりすることもあるし、お昼寝もできているのかと思います。それなら大丈夫です。大人でも、何だか気分がすぐれない日、眠い日、やる気が出ない日とかありますよね。赤ちゃんは、大人以上に気候の変化などに敏感です。そして何よりママの心の変化に敏感です。ママの気持ちが今一つのときは、思いっきり家事の手を抜いたりしてみましょう。もちろん、1日中ずっと泣いている、母乳やミルクの飲みが悪い、ぐったりしているというときは、体調が悪いかもしれませんので受診をおすすめします。

質問⑪ ベビーベッドではまったく寝ないので、大人用のベットにパパとママと赤ちゃんの3人で寝ていますが大丈夫ですか？（2か月）

赤ちゃんにとってママとパパと一緒にいるのが一番安心します。できるだけそばにいてあげてください。

質問⑫ 今度旅行に行くけれども飛行機に乗せても大丈夫ですか？（8か月）

里帰りや転勤でやむを得ず飛行機に乗る場合は、1か月からでも乗る赤ちゃんはいます。旅行の場合は、おそらく赤ちゃんが行きたいというよりママとパパが行きたいのですよね。ママとパパが、楽しく過ごせるように、赤ちゃんにお付き合いをお願いしてみましょう。旅行はゆったりとしたプランで考えていきましょう。

質問⑬ どうしても忙しいときにテレビをみせてしまいます。実際何か月頃まではテレビをみない方が良いとか基準はありますか？（4か月）

日本小児科学会では、「2歳以下の子供には、テレビ・ビデオを長時間見せないようにしましょう」と提言を出しています。視力・言語の発達・社会性・運動能力などに様々な影響があることがわかっています。忙しいときに見せることはいいでしょう。ママと一緒にみるのも楽しいでしょう。ただ、テレビの習慣化には、気をつけながら上手にお付き合いしてくださいね。

質問⑭ おばあちゃんがいろんなものを食べさせて困っています。（8か月）

孫かわいさからの行動でしょうが、困っているママが多いです。できるだけ赤ちゃんの腸内環境を良く保てるよう食べるものには気を使っていきましょう。おばあちゃんにも伝えられたらいいですね。

おばあちゃんに会うのがごくたまにで、ママが許容できる範囲であれば、赤ちゃんにも「特別だよ」と伝えていくのも良いでしょう。

質問⑮ まだ歯が生えていませんが、歯磨きの練習をさせた方がいいのでしょうか？（6か月）

歯磨きは一生やっていくことですね。嫌な思いをさせたくないです。歯が生える前からママやパパが歯磨きしている様子を見せていきましょう。歯磨きをしっかりするために押さえつけたりしないでくださいね。「ご飯のあとは歯磨き」を習慣にできるように楽しい雰囲気で始めてみましょう。

質問⑯ おしりが赤くなっています。皮膚科に行った方が良いですか？（2か月）

赤ちゃんのお肌は繊細なのですぐに赤くなってしまいます。またすぐに良くなるものでもあります。うんちのあとなどおしりふきで一生懸命拭くと摩擦でかえって悪くしてしまいます。おしりふきが合わない場合もあります。赤くなったときは、おしりを洗い流し、やさしくティッシュなどでポンポンと拭きます。その後おむつを開いておく時間をつくります。すぐに良くなりますよ。

質問⑰ 自分の顔をひっかくので手袋は必要ですか。（2か月）

赤ちゃんの皮膚は繊細なのですぐに引っかき傷ができますね。爪切りもなかなかしにくいので心配かもしれませんが、顔の傷は、1日か2日ですぐに治ります。赤ちゃんのおててては、最高のおもちゃなので手袋はしないでいてあげてくださいね。

質問⑱ うつ伏せはしない方がいいですか。（2か月）

「うつぶせ寝は、危険」と、うつ伏せ（腹ばい遊び）もまったくしたことがない子が増えています。腹ばいは、成長発達にとても大切です。みえる景色が変わり、赤ちゃんにとっても楽しいことです。生まれてすぐでもできますが、起きている時間が増えてきた2か月くらいからは、腹ばい遊びを赤ちゃんは楽しめるでしょう。短時間からぜひ始めてみてください。ただし、絶対に目は離さないでくださいね。

質問⑲ 室温はどれくらいがいいのでしょうか？（1か月）

ママが気持ちいいと感じるくらいがいいでしょう。赤ちゃんは、意外と暑がりです。着せすぎには気をつけましょう。

質問⑳ 向き癖が気になります。（2か月）

仰向けに寝ることや縦抱きが多いと向き癖になりやすいです。まんまるの自然な体勢を意識していきましょう。身体がリラックスして柔らかくなると同じ方ばかり向くことはなくなります。

質問㉑ 身体は温かいのに足は冷たいです。靴下は必要ですか？（2か月）

赤ちゃんは足裏で体温調節をしています。靴下を履くと体温調節しにくいので履かせない方がいいです。ハイハイしても歩けるようになっても、家では、裸足で足裏をたくさん刺激して

ください ね。

質問㉒ 授乳のときとか全身汗だくです。大丈夫でしょうか？（2か月）

赤ちゃんは、生きるエネルギーの塊です。すごいなあと思ってみてみてください。母乳の88％は水分です。母乳を欲しがるだけあげていれば脱水になりません。

質問㉓（肌トラブル）皮膚科で薬をもらって一時は治るのに数日したらまた発疹が再発してしまいます。特に、首、目の周り、肘や膝の関節が気になります。生まれ持ったものなのでしょうか？ エンドレスに続くと薬を使うのが嫌なので何とかしたいです。（8か月）

お薬を使いながらでもホームケアを意識していきましょう。赤ちゃんの肌に大切なのは、清潔と保湿です。トラブルのあるときは、何度かシャワーで洗い流しきれいな状態を保ちます。その後赤ちゃんに合った保湿剤を使いましょう。また、肌に触れるものをできるだけ自然素材にする、洗剤にも気をつけることが大切です。赤ちゃんの洋服は気をつけていたのに、大人用の柔軟剤を使ったシーツに寝ていたことで皮膚がただれたという赤ちゃんがいました。赤ちゃんの皮膚は保湿が大切ですが、赤ちゃん用の保湿剤であっても合わない場合があります。あなたの赤ちゃんに合うものをみつけてください。赤ちゃん石鹸も合わない場合があります。石鹸をやめたら良くなることもあります。皮膚科の薬もたくさんの種類があります。ホームケアや薬の減らし方を教えてくれる皮膚科を選びましょう。

質問㉔ 赤ちゃんの顔にほっぺをくっつけたいのですが、肌トラブルがあるといけないので控えています。やはり、くっつけない方がいいのでしょうか？（4か月）

赤ちゃんの肌は、柔らかくて気持ちいいのでそんな気持ちになりますすね。赤ちゃんによります。大丈夫かもしれません。大丈夫でないかもしれません。まずやってみてください。肌トラブルがあった際は「ぐっと気持ちを堪えて」やめておきましょう。

質問㉕ 日中に寝る日と寝ない日がありますが、これは何が要因なのかを知りたいです。（8か月）

赤ちゃんも人間です。気分のすぐれない日、気分が乗っている日、眠い日、新しい遊びに目覚めた日など日によって違います。「今日はこんな日なのね」とお付き合いしてあげてほしいですね。

質問㉖ 哺乳瓶の穴が大きいのだとすぐ飲めるが、飲み終わったあとに必ず大泣きします。穴の小さいのだと30分ぐらいかけて飲むので、飲み終わったあとは泣くことはないが、時間がかかって仕方がないです。（2か月）

さっと飲めるとお腹がいっぱいでもお口が満足していません。小さいと長い間チュパチュパできて満足するのでしょう。赤ちゃんの胃腸の消化機能を考えても、ゆっくり飲む方が赤ちゃんにとっては楽で幸せなのでしょう。ですからじっくりお付き合いしてあげましょう。

質問㉗〈母乳について〉母親の食べたものが母乳の成分に影響をして 赤ちゃんにアレルギーや発疹などは出るのでしょうか？

母乳は、血液からできます。血液は、ママの食べたものからつくられます。血液から母乳になるときに赤ちゃんの必要な栄養分に変化し、赤ちゃんにとって最高の状態になって届けられるのです。「私の母乳は最高」と思って、神経質になりすぎず自分が健康であるための食事をすれば大丈夫です。

質問㉘〈寝返りについて〉3か月半になり、身体を横にすることが増えました。夜寝ているときにそのままうつ伏せになり呼吸ができなくなってしまうのではという心配がとても強いです。対処法などはありますか？（3か月）

もう少しで寝返りするかもしれませんね。赤ちゃんが自分で右も左も仰向けから、うつ伏せ、うつ伏せから仰向けに戻れるようになるまでは、心配ですね。昼間の様子をよくみて、どこまでできるか、顔を横に向けているか確認してくださいね。寝床には、いろんなものを置かないように気をつけましょう。

に味わってください。

質問㉙ 赤ちゃんの機嫌によってリモートワークが全然はかどりません。（8か月）

普段いないパパがお家にいたら赤ちゃんは、嬉しくてたまりません。大人しくはしていられないでしょう。あきらめて赤ちゃんのペースを理解するか、赤ちゃんにばれないスペースでお仕事するしかないでしょう。

質問㉚ かわいくて仕方がありません。どうしたら良いでしょうか？

はい、赤ちゃんはかわいがられるようにかわいくできています。今この瞬間の楽しさを十分

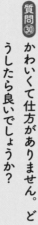

おわりに

最後まで読んでいただきありがとうございました。赤ちゃんの心の中が少しみえてきたのではないでしょうか？

「赤ちゃんは、すごい」

毎日、たくさんの赤ちゃんと関わって私が感じていることです。

そして、そんな「すごい赤ちゃんを育てている自分はすごい」とも感じてもらえたでしょうか？

「赤ちゃんにとってママはすべて」どんなママであっても赤ちゃんにとっては、満点です。

この本では、0歳の赤ちゃんのこと、そして赤ちゃんとの関わり方をお伝えしてきました。1歳を超えて成長したお子さんについては、このような考え方ができなかったと感じてしまうこともあるかもしれません。

そういった場合には、この本で知ったことをもとに今のお子さんと向き合って、今できることをやっていけば良いのです。

そして、ママが、そのとき精一杯のことをやってくれたことをお子さんは、既に知っているので大丈夫です。

もし「もっとこうしてあげられたら良かったな」と気がついたのならば、後悔の気持ちを少しでも持ってしまうのだったら、その分今の目の前のお子さんにやさしい気持ちを向けることができるでしょう。

本書でも述べましたが、私自身も自分の子育てのときは、知らないことばかりでした。

それゆえに、できなかったことも多々あります。

助産師になり、たくさんの赤ちゃんにお会いして初めて知ることもたくさんありました。赤ちゃん達がたくさんのことを教えてくれました。

私自身の子育ては、「失敗ばかりだった」と感じた時期もありましたが今ではそう思うのは、やめました。

「少し遠回りして大変な思いをしてしまった」と考えるようにしています。


そして、今も、親として成長中です。

いつでもどこでも、今できることを精一杯やっていけば良いのです。

子育ては、いつからだってやり直しがきくと信じています。

深刻になりすぎず、肩の力を抜いて今の楽しくて大変な時間を十分に味わってください。


最後になりましたが、本書を世に出すことができたのは、多くの方のおかげです。きっかけをくださった松尾昭仁様、大沢治子様、子育て真っ真っ最中の目線で多くの視点を与えてくださった編集者の三田智朗様、私のモチベーションをあげてくださる助産師仲間達に心より感謝申しあげます。私にいつも元気をくれるパパと3人の子供達、心からありがとう。

そして出会ったすべての赤ちゃん達、たくさんのことを教えてくれてありがとう。

安心して子育てができる世の中に少しでも近づけることを心から願っています。多くのママが、子育ての応援団である、助産師に出会えますように。

＜参考文献＞

『BSケア　基本の型』
（寺田恵子著　浅野美智留著　日総研出版　2017年7月）

『BSケア　特殊な型』
（寺田恵子著　浅野美智留著　日総研出版　2018年8月）

『おなかにいるときからはじめるべびぃケア』
（吉田敦子著、杉上貴子著　合同出版　2018年5月）

『子供の「脳」は肌にある』（山口創著　光文社　2004年）

峯田 昌（みねた あつよ）

みねた助産院　院長
アドバンス助産師、看護師、保健師
NPO法人BSケアプレゼンター®

1969年埼玉県出身。西武学園文理高等学校を経て、日本赤十字看護大学卒業後、看護師、保健師として総合病院に勤務。

出産したら誰もができると思っていた母乳育児が上手くいかない経験を自ら体験。「子育てで苦しむ人を減らしたい」「助産師は出産時だけではなく命全般に関わる悩みの解決に貢献できることを広めたい」と、3人目を出産後、助産師になることを決意。

日本赤十字看護大学大学院を修了し、助産師資格取得。
総合病院、ゆいクリニック勤務後、みねた助産院設立。

これまでの育児相談は、延べ1万人。出会った赤ちゃんは3000人。
“困ったお母さんを絶対に一人にしない”が信条。
「とことん寄り添う姿勢に感激した」とママ達から信頼を得ている。「赤ちゃんの思いや赤ちゃんの力」を知ることでママ達が育児に前向きになり、自信をつけていく様子を日々目の当たりにしている。
その一方、公立名桜大学の非常勤講師として助産学生の育成、町立中標津病院にて母乳育児支援に関する業務フローの改善、助産師向けBSケア®の普及、行政からの依頼での育児支援者向けの講座など育児を支える支援者の充実にも力を注ぐ。

東日本大震災後に茨城県から沖縄県に一家で移住。夫と大学生、高校生、中学生の5人家族。

みねた助産院　https://bonyuikuji.jp/

メルマガ
https://home.tsuku2.jp/mlReg/index2.php?mlscd=0000055573

“泣いてもいいんだよ”の育児

2021年12月3日　初版第1刷発行

著者　峯田　昌

カバー　小口　翔平＋後藤　司（tobufune）
DTP　有限会社中央制作社

発行者　石井　悟
発行所　株式会社自由国民社
〒171-0033　東京都豊島区高田3丁目10番11号
電話　03-6233-0781（代表）
https://www.jiyu.co.jp/

印刷所　株式会社光邦
製本所　新風製本株式会社
企画協力　松尾　昭仁（ネクストサービス株式会社）

編集担当　三田　智朗
校正担当　伊藤　宗哲

　ISBN 978-4-426-12756-5